Linux kopflos mit PC Engines ALIX

Autor: Mathias Weidner
Revision: (2013-09-15) d039fadaba44ee8ba08dafc4ba43a1ab46c3d045
Lizenz: CC BY-SA 3.0 (Creative Commons)
ISBN: 978-1-4717-2849-5

Inhaltsverzeichnis

Kolophon **119**

Vorwort

Ich habe bemerkt, dass ein PC, laufe er nun mit Windows, OSX, Linux oder UNIX, ganz egal wieviel Zeit er mir spart, und welche - vorher gar nicht erst gekannten - Möglichkeiten er bietet, mich zuallererst immer Zeit kostet. Sei es die Zeit, die er zum Starten braucht, die Zeit, die ich zum Anmelden brauche, die Zeit, die mein Programm zum Starten braucht. Oder - noch schlimmer - die Zeit, die ich brauche um etwas im Internet zu finden oder von da auf meinen Rechner zu kopieren. Der PC kann fast alles, lässt mich fast alles machen. Aber er kostet mich Zeit und lenkt mich ab, weil ich, während ich auf eine Sache warte, doch noch mal schnell dies oder das oder jenes machen kann. Etwas besser ist es vielleicht mit einem Smartphone oder Tablett-PC, weil ich bei diesem - zumindest im Moment - nicht auf die Idee komme, zwischen mehreren Aufgaben hin und her zu jonglieren.

In diesem Buch hingegen geht es um ein Drittes, um Geräte, die für einen Zweck gebaut, eingeschaltet und dann vergessen werden. Es geht um Rechner, die keine Tastatur und keinen Bildschirm haben, die da sind und das machen wofür sie gebaut sind. Sicher, so ein Gerät ist im Betrieb eher langweilig. Aber hier geht es auch nicht darum, wie man das benutzt, sondern, wie man so etwas baut.

- Was brauche ich dafür?

- Was muss ich dabei beachten?

- Was kann ich mit so einem Gerät anfangen?

- Was muss ich alles wissen, um so etwas bauen zu können?

- Was gibt es schon?

- Welche Hardware ist geeignet?

Natürlich ist bei der Geschwindigkeit, mit der sich die Computertechnik entwickelt, vieles in diesem Buch schon in kurzer Zeit überholt. Ich versuche daher in den einzelnen Kapiteln die zu Grunde liegenden Prinzipien herauszuarbeiten und die Hardware oder Software, die gerade aktuell ist und mir zur Verfügung steht, als Beispiel zu nehmen.

Für wen ist dieses Buch

Das Buch ist für alle, die sich ihren ganz persönlichen Rechner, auf Grundlage von PC Engines ALIX oder ähnlicher Hardware, nach ihren eigenen Wünschen zusammenstellen und in Betrieb nehmen wollen. Grundkenntnisse der UNIX-Kommandozeile setze ich voraus. Für einen Nachbau der beschriebenen USV-Schaltung sind Grundkenntnisse in Elektronik nötig.

Wie ist das Buch aufgebaut

Der **erste Abschnitt** beschäftigt sich damit, was ich mit dem Gerät machen will oder kann, welche Software ich brauche und was für Besonderheiten ich dabei beachten muss. Details zu den hier angerissenen Problemen erläutere ich in späteren Abschnitten ausführlicher.

Kapitel eins zeigt einige Anwendungen auf und geht auf die Randbedingungen dafür ein. Seien das die Anzahl der Schnittstellen für ein Netzgerät, zusätzliche Hardware für Spezialaufgaben oder besondere Softwareanforderungen.

Der **zweite Abschnitt** beschäftigt sich mit der verwendeten Hardware. Was hat diese gemein mit PCs, was unterscheidet sie?

Kapitel zwei geht auf die PC Engines ALIX Rechner ein. Welche Hardwareoptionen haben diese? Welche Treiber werden benötigt, welche Software gibt es speziell für diese Hardware.

Kapitel drei geht auf zusätzliche Hardware für spezielle Projekte ein.

Im **dritten Abschnitt** gehe ich auf die verwendete Software ein. Auf geeignete Linux-Distributionen und wie ich diese auf dem Rechner installiere. Auf die Komponenten eines Linux-Systems und deren Zweck. Auf zusätzliche Software und wie ich diese im System installiere.

Kapitel vier geht auf einige Linux-Distributionen ein, die mir geeignet für Headless-Linux-Projekte erscheinen.

Kapitel fünf zeigt verschiedene Wege auf, das Linux meiner Wahl auf der Hardware zu installieren.

Kapitel sechs geht auf die Komponenten eines Linux-Systems ein. Wofür dienen diese und welche Alternativen stehen mir zur Verfügung.

Kapitel sieben zeigt, wie ich Software, die die von mir gewählte Distribution nicht zur Verfügung stellt, selbst übersetze und installiere.

Im **vierten Abschnitt** gehe ich auf den laufenden Betrieb ein und gebe Hinweise zur Lösung möglicher Probleme.

Kapitel acht geht auf den laufenden Betrieb ein. Wie konfiguriere ich das Gerät für die Einsatzumgebung? Wie spiele ich Aktualisierungen ein? Wie bekomme ich überhaupt mit, ob Sicherheitsupdates notwendig und verfügbar sind.

Kapitel neun zeigt Problemlösungsstrategien auf. Was mache ich, wenn ein Programm überhaupt nicht startet? Wenn es abstürzt? Wie verfolge ich Probleme im Netzwerk? Welche Programme helfen mir bei welchen Problemen?

Kapitel zehn stellt einige Protokolle und Mechanismen vor, mit denen ich es im Laufe des Projektes zu tun bekommen werde und deren Kenntnis im Problemfall hilfreich sein kann.

Kapitel elf listet weitere Quellen auf, wo ich Hilfe zu Problemen finden kann.

Zur Schreibweise

Für Programmbeispiele und Eingaben auf der Kommandozeile verwende ich eine `dicktengleiche` Schrift. Diese nehme ich auch im Fließtext, wenn ich Optionen wortgetreu verwende.

Ansonsten verwende ich einen *kursiven* Font für Hervorhebungen.

Danksagung

Dieses Buch entstand als begleitende Dokumentation zu einigen Projekten mit PC Engines ALIX-Rechnern.

Den Nutzern des PC Engines Support Forums verdanke ich einige Anregungen, die in dieses Buch eingeflossen sind. Insbesondere Nicolas (*pure_debian*) für den Hinweis auf *flashybrid* und die Idee mit den virtuellen Maschinen.

Willy Tarreau brachte mich auf die Idee, für die USV-Überwachung A/D-Wandler PCF8591 zu verwenden, wodurch die Schaltung wesentlich einfacher geworden ist.

Der KDG Wittenberg danke ich für die Überlassung einiger ALIX-Rechner zu Testzwecken, nachdem mein eigenes Gerät produktiv gegangen war und nur noch bedingt dafür zur Verfügung stand.

Was kann ich damit machen

Bevor ich mich in den Tiefen der Realisierung eines kleinen kopflosen Linux-Rechners verliere, mache ich mir Gedanken darüber, was ich mit so einem Gerät alles anfangen könnte. Diese Aufzählung ist nicht vollständig, der Leser kann sich selbst Gedanken machen, wo es ihm in den Fingern juckt.

Router

Meine erste Idee war, einen Router damit aufzubauen (das war auch das erste Gerät, das ich damit realisiert habe). Nun gibt es Router, gerade für den Hausgebrauch, zuhauf und etliche davon haben bereits ein Linux und was das Herz begehrt, inklusive WLAN-Access Point. Warum also noch einen Router? Noch dazu, wenn ich ein WLAN-Modul extra kaufen und einbauen muss.

Da wären zum einen die Flexibilität. Ich kann mir, je nach Einsatzfall, ein Gerät mit einer, zwei oder drei Ethernet-Schnittstellen nehmen und einen genau auf meinen Bedarf abgestimmten Router aufbauen. Halt, denkt womöglich gerade der geneigte Leser, wieso einen Router mit einer Schnittstelle? Nun da gibt es die Möglichkeit in einem IPv4-Netz durch ein solches Gerät nachträglich einen Übergang zu IPv6 über einen geeigneten Tunnel-Provider einzurichten. Oder ich verbinde mich via VPN mit einem anderen Netz und nehme dafür genau dieses Gerät als VPN-Router. Ein Router mit zwei Schnittstellen ist klar, mit drei Schnittstellen kann ich mir eine DMZ für Arme bauen, ohne dafür auf zwei Geräte zurückgreifen zu müssen, wie bei SOHO-Routern.

Gut, das wäre die Flexibilität, was noch? Ein weiterer Vorteil, der auch für alle anderen Projekte gilt, ist der, dass ich nicht auf Cross Compiling angewiesen bin, sondern in den meisten Fällen direkt die Softwarepakete der gewählten Linux-Distribution installieren kann. Das spart enorm viel Zeit, wenn ich nur mal eben etwas ausprobieren will. Ich kann direkt die Software aus den Repositories meiner Distribution verwenden oder für meinen PC kompilierte Software im Router installieren. Außerdem bekomme ich die Sicherheitsupdates dieser Distribution.

Schließlich steht mir eine solche Menge an Software zur Verfügung, dass ich jede nur erdenkliche Diagnose oder Überwachung meiner Netze damit realisieren kann. Natürlich im Rahmen der Schnittstellengeschwindigkeit von 100 MBit/s, die zumindest für die meisten WAN-Anschlüsse ausreichend ist.

Ein Router mit ALIX kann durchgehend laufen und jederzeit ausgeschaltet werden. Da keine beweglichen Teile (Lüfter oder Festplatte) zum Betrieb benötigt werden, ist zumindest von dieser Seite her mit einer geringeren Ausfallwahrscheinlichkeit zu rechnen.

Firewall / Paketfilter

Das nächste Beispiel, eng verwandt mit einem Router ist eine Netzwerk-Firewall, ein Paketfilter.

Warum, könnte der Leser nun fragen, soll ich das Risiko auf mich nehmen, mein Netz mit einer selbst gebastelten Firewall zu schützen, wenn ich - für entsprechendes Geld - zertifizierte Firewalls von Experten auf diesem Gebiet bekommen kann. Inklusive Unterstützung, wenn ich Probleme habe und Schulung, wenn Bedarf daran besteht. Die einfache Antwort lautet: "keiner zwingt mich". Bei Sicherheitsfragen, eigentlich wie bei allen anderen Fragen sollte jeder die Argumente dafür und dagegen für sich abwägen und dann entscheiden.

Was also spricht für eine selbstgebaute Firewall. Zuallererst sollte der nötige Sachverstand, sowohl für die Aufgaben und Funktionen einer Firewall, als auch für die Möglichkeiten und Beschränkungen eines Linux-Systems dafür, vorhanden sein oder zumindest im Laufe des Projekts erworben werden. Ein zweiter Punkt ist die Höhe des Risikos. Wenn der Wert des zu schützenden Netzes und der Daten darin geringer ist, als der Preis für eine kommerzielle Firewall, ist das eindeutig ein Punkt dafür, es selbst zu bauen. Schließlich, wenn ich nur zusätzlich oder temporär einen Paketfilter in meinem Netz platzieren will, fahre ich vielleicht besser mit einem selbst gebauten Gerät. Insbesondere wenn ich das nötige Wissen bereits gesammelt habe.

Was brauche ich für eine Firewall? Zunächst einen Rechner mit zwei, besser noch drei Netzwerkkarten. Bei drei Ethernet-Anschlüssen kann ich zwei für das Produktivnetz verwenden und die dritte zur Administration, so dass die Firewall aus dem Produktivnetz heraus nicht manipulierbar ist.

An Software brauche ich *iptables* für die Konfiguration der Paketfilterregeln und *ebtables*, falls ich den Paketfilter als Bridge betreiben will. Schließlich eine geeignete Software um die Paketfilterregeln zu verwalten (ich verwende sehr gern *ferm*). Falls die Firewall gleichzeitig als VPN-Gateway arbeiten soll, noch die entsprechende Software (*openvpn*, *strongswan).*

Es ist sinnvoll, wenn ich im Netz einen Rechner habe, an den ich die Systemprotokolle senden kann, um die Firewall zu überwachen.

Streaming Client für Musik aus dem Netz

Voyage Linux, ein Derivat von Debian GNU/Linux hat eine Variante, die sich speziell diesem Thema widmet. Was benötige ich außerdem hierfür? Eine von Linux unterstützte Soundkarte und einen Infrarotwandler für die Fernbedienung. Eine Mini Tastatur für die Bedienung am Gerät und eine kleine LCD-Anzeige. Ich kann eine Festplatte anschließen und die Musik davon abspielen oder alles über Netz von einem Server holen. Das Gehäuse mache ich selbst oder lasse es nach meinen Vorgaben bauen. Eventuell lässt sich auch eine vorhandene Musikanlage umwidmen.

Netzinformationsserver

Was ist das nun schon wieder, mag der eine oder andere fragen. Nun, es verhält sich so. Wenn ich einen Rechner an ein Netzwerk anschließe, ist es ja nicht einfach mit dem Anschließen an die Ethernet-Dose getan. Um mit den anderen Rechnern im lokalen Netz oder im Internet zu kommunizieren muss der Rechner wissen:

- welche Netzadressen lokal gültig sind und welche er nehmen kann,

- welche Adressen die Gateways in andere Netze haben,

- welche Adressen die Nameserver haben,

- woher er die aktuelle Zeit bekommen kann,

- und eventuell, woher er sein Betriebssystem bekommen kann.

Einen Teil dieser Informationen kann der Rechner bei IPv6 automatisch ermitteln. Für IPv4 gibt es mit Bonjour und Zero Configuration Networking mittlerweile ähnliche Lösungen. Wenn ich etwas mehr Kontrolle über das Netz haben will, setze ich einen DHCP-Server ein. Dieser sollte eines der ersten Geräte sein, die ich im Netzwerk einschalte und eines der letzten, die ich ausschalte. Eine ideale Aufgabe für so einen kleinen Dauerläufer. Den Zeitdienst (NTP) kann ich auch gleich mit drauf tun und, wo ich schon mal dabei bin, den Nameserver (DNS). Will ich auch noch den TFTP-Server mit den Boot-Images für Netboot und

12

die Betriebssystem-Images, brauche ich eventuell eine zusätzliche Festplatte.

File-, Streaming- oder Webserver

Ob ich das wirklich mit einem ALIX-Rechner betreiben will, ist vom Anwendungsfall abhängig. Hier würde ich auf jeden Fall testen, ob die Performance ausreicht. Wenn es reicht, kann ich eine oder mehrere Festplatten einhängen, das Betriebssystem aber auf der CF-Karte lassen.

Wetterstation oder ähnliches

Hier kommt es auf das Gerät an, das ich auslesen will. Meist sind diese Geräte mit einer seriellen oder USB-Schnittstelle ausgerüstet. Dann benötige ich eventuell einen USB-seriell-Wandler.

Wenn ich kontinuierlich Daten auslese, will ich diese auch irgendwo speichern. Da ich vermeiden will, dass der Flash-Speicher ständig beschrieben wird, speichere ich entweder alles auf einer USB-Festplatte oder auf einem via Netz eingehängten Dateisystem. Bei beiden muss ich damit rechnen, dass diese im laufenden Betrieb verschwinden können. Dafür muss ich Vorkehrungen treffen. Möglich wäre auch, eine Notebook-Festplatte intern am Gerät anzuschließen und als dauerhaften Speicher zu verwenden.

Steuerrechner für eigenes Hardware-Projekt

Hier kommt es auf das Projekt an, was ich alles an zusätzlicher Peripherie und an Software benötige.

Über den I²C-Bus kann ich einige Schaltkreise direkt ansprechen. So zum Beispiel den PCF8574, der mir acht digitale Ein- und Ausgänge bietet. Oder den PCF8591 mit vier 8-Bit-A/D-Wandlern und einem D/A-Wandler.

Hardware für Headless Linux

Ich konzentriere mich in diesem Buch auf die Einplatinenrechner der Serie ALIX von PC Engines. Prinzipiell lassen sich die meisten Informationen hier auch auf andere Hardware übertragen. Ich beschränke mich auf diese Geräte, weil ich damit die meisten Erfahrungen gemacht habe und fast alles, von dem ich hier schreibe, damit ausprobiert habe.

Die ALIX-Rechner kommen - ähnlich wie die Rechner von Soekris - als Einplatinenrechner ohne bewegliche Teile daher. Solange ich keine bewegten Teile, wie zum Beispiel Festplatten einbaue, kann ich also mechanischen Verschleiß ausschließen (wenn das Gerät nicht selbst bewegt wird, weil es vielleicht im Auto eingebaut ist).

Die Vorteile der Geräte sind zum Einen die geringe elektrische Leistungsaufnahme, zum Anderen weitgehende PC-Kompatibilität. Mit bis zu drei Ethernet-Schnittstellen kann ich das für mein Projekt geeignete Board auswählen. Das Betriebssystem findet auf einer CompactFlash-Karte (Sockel on Board) oder auf einer Notebook-Festplatte (IDE), die an einigen Boards ebenfalls angeschlossen werden kann, Platz. Prinzipiell könnte ich das Betriebssystem auch jedesmal aus dem Netz laden. Einige der Boards haben einen Mini-PCI-Slot für Erweiterungskarten.

Die meisten der Boards haben keine Videokarte und keinen Tastaturanschluss, dafür eine serielle Konsole, über die auch das BIOS ansprechbar ist. Einige haben VGA und PS/2-Anschlüsse.

Zusätzlich sind USB-Anschlüsse vorhanden. Die Boards ohne VGA haben TinyBIOS im Flash-ROM installiert, mit dem man einige Einstellungen anpassen kann.

Falls ich für mein Projekt kein spezielles Gehäuse plane, kann ich ein geeignetes Gehäuse üblicherweise da, wo ich die Boards kaufe, erhalten.

CompactFlash-Karte

Die Boards der *ALIX.2* und der *ALIX.6* Serien haben CompactFlash-Adapter, so dass man das Betriebssystem und die Daten auf einer CF-Karte vorhalten kann. Damit bleibt das Gesamtsystem klein und unempfindlicher gegen mechanische Beeinflussung.

Zur Verlängerung der Lebensdauer der CF-Karte minimiere ich die Schreibzugriffe, indem ich diese nur lesend einhänge. Alternativ nutze ich

15

den ab CompactFlash 5.0 verfügbaren TRIM-Befehl und ein hinreichend neues Linux (ab Kernel 2.6.33) sowie ein geeignetes Dateisystem (*btrfs*, *ext4fs*, *fat*, *gfs2*), welches den TRIM-Befehl an die Karte durchreicht und so das Wear-Leveling der Firmware unterstützt.

LED

Auf den Boards sind drei LEDs, die durch das Gehäuse von aussen sichtbar sind. Für die Ansteuerung dieser LEDs gibt es zwei Kernelmodule: zum Einen das Modul leds_alix2, zum Anderen das Modul cs5535_gpio, mit dem die Pins des GPIO-Bausteins CS5535 direkt angesteuert werden können. Wenn ich das LED-Modul verwende, muss ich das Laden des anderen bei Kerneln >= 2.6.33 unterbinden, zum Beispiel durch Blacklisting in */etc/modprobe.d/blacklist*:

```
# on 2.6.33 conflict with leds
blacklist cs5535_gpio
```

Das LED-Modul stellt im *sysfs* Dateien zum Zugriff auf die LEDs bereit. Zum einfachen Ein- und Ausschalten verwende ich die Datei *brightness*:

```
echo 1 > /sys/class/leds/alix\:3/brightness
sleep 5
echo 0 > /sys/class/leds/alix\:3/brightness
```

Mit diesen drei Befehlen habe ich die dritte LED eingeschaltet und nach fünf Sekunden wieder ausgeschaltet.

Zusätzlich enthält das Modul noch ein paar Triggermodule zum vereinfachten Ansteuern, von denen ich einige kurz vorstellen will. Als Erstes betrachte ich den Heartbeat-Trigger:

```
modprobe ledtrig-heartbeat
echo heartbeat > /sys/class/leds/alix\:2/trigger
```

Damit kann ich eine vorgegebene Impulsfolge auf eine (in diesem Beispiel die zweite) LED legen.

Als nächstes haben wir den Timer-Trigger:

```
modprobe ledtrig-timer
echo timer > /sys/class/leds/alix\:1/trigger
echo 1000 > /sys/class/leds/alix\:1/delay_on
echo 100 > /sys/class/leds/alix\:1/delay_off
```

In diesem Beispiel wird die erste LED im Wechsel für 1000 ms eingeschaltet, dann für 100 ms ausgeschaltet.

Um die Aktivitäten der IDE-Platten zu überwachen, verwende ich den
Trigger *ide-disk*. Für diesen muss ich kein Kernel-Modul extra laden:

```
echo ide-disk > /sys/class/leds/alix\:2/trigger
```

Wenn mir danach ist, kann ich mit den LEDs auch Morse-Signale
ausgeben:

```
modprobe ledtrig-morse
echo morse > /sys/class/leds/alix\:1/trigger
echo "SOS" > /sys/class/leds/alix\:1/message
echo 100 > /sys/class/leds/alix\:1/delay
```

Dabei beeinflusse ich die Morse-Geschwindigkeit durch den Wert, den
ich nach *delay* schreibe.

Die momentan verfügbaren und den aktiven Trigger bekomme ich heraus indem ich die Datei *trigger* lese:

```
# cat /sys/class/leds/alix\:1/trigger
none ide-disk [morse] default-on gpio heartbeat netdev timer usbdev
```

Mit *none* deaktiviere ich die Trigger:

```
echo none > /sys/class/leds/alix\:1/trigger
echo none > /sys/class/leds/alix\:2/trigger
echo none > /sys/class/leds/alix\:3/trigger
```

> **Tip**
>
> Bei den ALIX 3D3 Rechnern kann es passieren, dass die LEDs
> nicht vom Kernel-Modul *leds-alix2* erkannt werden. Das liegt
> möglicherweise an dem anderen BIOS dieser Rechner gegenüber
> den ALIX 2.x Geräten. In diesem Fall kann es helfen,
> `leds-alix2.force=1` als Kernel-Bootparameter zu übergeben. Andern-
> falls wird das Laden des Kernelmoduls mit der Meldung *FA-
> TAL: Error inserting leds_alix (.../leds-alix2.ko): No such de-
> vice* abgebrochen.

Mode Switch

Auf den ALIX-Boards ist ein kleiner Schalter, mit dessen Hilfe man beim
Systemstart in das Setup kommen kann, falls die serielle Schnittstelle
im Setup mit R deaktiviert wurde. Dieser Schalter ist an Pin 24 des

GPIO-Chips CS5536 angeschlossen und kann bei eingeschaltetem Kernelsupport für diesen Chip abgefragt werden. Eine Alternative dazu ist das Abfragen des Bit 8 am I/O-Port 0x61b0. Hier steht 0 für einen betätigten Schalter.

Kernel-Modul

Beim Kernel von Voyage Linux 0.7 kann ich das Modul *cs5535-gpio* verwenden. Dabei muss ich auf mögliche Probleme mit dem Kernel-Modul *leds-alix* achten:

```
# modprobe cs5535-gpio
# ls -l /sys/class/gpio/
total 0
--w------- 1 root root 4096 Dec  7 07:24 export
--w------- 1 root root 4096 Dec  7 07:25 unexport
# echo 24 > /sys/class/gpio/export
# ls -l /sys/class/gpio/GPIO24/
total 0
-rw-r--r-- 1 root root 4096 Dec  7 07:31 active_low
-rw-r--r-- 1 root root 4096 Dec  7 07:31 direction
drwxr-xr-x 2 root root    0 Dec  7 07:31 power
lrwxrwxrwx 1 root root    0 Dec  7 07:31 subsystem -> \
../../../../class/gpio
-rw-r--r-- 1 root root 4096 Dec  7 07:31 uevent
-rw-r--r-- 1 root root 4096 Dec  7 07:31 value
# echo in > /sys/class/gpio/GPIO24/direction
# cat /sys/class/gpio/GPIO24/value
1
# echo 24 > /sys/class/gpio/unexport
```

Im Verzeichnis */sys/class/gpio* habe ich zunächst nur die Dateien *export* und *unexport*, in die ich die Pin-Nummer des Anschlusses eintrage, mit dem ich mich beschäftigen will. Das ist für den Mode Switch der Anschluss 24. Habe ich diese Zahl in die Datei *export* geschrieben, macht mir das Modul weitere Pseudodateien zur Steuerung und Abfrage des Pins im Verzeichnis */sys/class/gpio/GPIO24/* verfügbar. Darin interessieren mich zunächst nur die Dateien *direction*, mit der ich die Verwendung des Pins für Ein- oder Ausgabe bestimme und *value*, mit der ich den Wert abfrage.

Abfrage des I/O-Ports

Als Alternative zum Einsatz des Kernelmoduls kann ich auch den I/O-Port, unter dem der Schalter abfragbar ist, direkt auslesen. Das geht zum Beispiel mit dem folgenden C-Programm:

```
/* mode-switch.c
 *
 * Accessing the mode-switch from ALIX Boards
 *
 * The status of the switch can be accessed at I/O-Port 0x61b0 Bit 8,
 * 0 means switch is pressed.
 */

#include <sys/io.h>
#include <stdio.h>
#include <stdlib.h>

#define MODESWITCHPORT 0x61b0
#define MODESWITCHMASK 0x100

int main() {

        if (ioperm(MODESWITCHPORT,2,1)) {
                perror("ioperm");
                exit(255);
        }
        int status = 0 == (inw(MODESWITCHPORT) & MODESWITCHMASK);

        exit(status ? 0 : 1);
}
```

Dieses Programm übersetze ich wie folgt:

```
$ gcc -O2 mode-switch.c -o mode-switch -m32
```

Die Option *-m32* ist wichtig, wenn ich das Programm auf einem 64-Bit-System übersetze. Dann benötige ich auch das Package *libc6-dev-i386* in dem unter anderem einige benötigte C-Header-Dateien enthalten sind.

Um zum Beispiel den Systemstatus mit */etc/init.d/voyage-sync* auf Tastendruck zu synchronisieren, kann ich mit dem Programm in einer Endlosschleife regelmäßig den Status des Schalters abfragen und bei gedrücktem Schalter die temporären Daten sichern:

```
#--- sync if mode switch pressed ---
```

```
while true; do
  if /root/bin/mode-switch ; then
    /etc/init.d/voyage-sync sync
    sleep 60
  else
    sleep 1
  fi
done
```

In diesem Skript wird einmal pro Sekunde der Zustand des Schalters abgefragt. Das bedeutet, ich muss den Taster etwas mehr als eine Sekunde lang drücken, um sicher zu sein, dass das erkannt wurde. Nach dem ein Tastendruck erkannt wurde, wird das Synchronisations-Script aufgerufen und der Schalter das nächste Mal frühestens nach einer Minute abgefragt. Natürlich könnte ich auch mit einer LED signalisieren, dass der Tastendruck erkannt wurde.

Sensoren

Um die Sensoren anzusprechen, installiere ich das Software-Paket *lm-sensors*.

Die benötigten Kernelmodule sind *scx200_acb* für den I²C-Controller und *lm90* für die Temperatursensoren, die am I²C-Bus angeschlossen sind.

Mit dem Befehl *sensors* kann ich die Sensoren abfragen:

```
$ sensors
lm86-i2c-0-4c
Adapter: CS5536 ACB0
temp1:          +38.0 C  (low  =  +0.0 C, high = +70.0 C)
                         (crit = +85.0 C, hyst = +75.0 C)
temp2:          +44.0 C  (low  =  +0.0 C, high = +70.0 C)
                         (crit = +85.0 C, hyst = +75.0 C)
```

Dabei erhalte ich mit *temp1* die Temperatur der Hauptplatine und mit *temp2* die Temperatur des Prozessors.

Zusätzliche Hardware

Mit den im vorigen Kapitel beschriebenen Rechnern komme ich schon sehr weit. Für viele Projekte brauche ich keine weitere Hardware. Manchmal geht es jedoch nicht ohne zusätzliche Hardware an der Peripherie. Dazu folgen hier einige Hinweise.

I²C-Bus

Der I²C-Bus ist an *J8* (ALIX.3) bzw. *J13* (ALIX.2, ALIX.6) herausgeführt. Eventuell muss ich noch einen Pfostenstecker anlöten. Über diesen Anschluss ist es möglich, weitere Schaltungen, die über den I²C-Bus ansprechbar sind, anzuschließen. Bei der Inbetriebnahme helfen die *I²C-Tools* (Softwarepaket *i2c-tools* bei Debian). Gegebenenfalls schaut man in der Kernel-Dokumentation nach, für welche Sensoren es bereits Kernel-Unterstützung gibt.

Eine einfache Möglichkeit, mit dem I²C-Bus zu arbeiten, bietet die Geräteschnittstelle des Linux-Kernels. Diese bekomme ich, indem ich das Modul *i2c-dev* lade:

```
# modprobe i2c-dev
```

Dann wird oft automatisch für jeden I²C-Bus am Gerät eine Gerätedatei unter */dev/* angelegt, beim ALIX */dev/i2c-0* für den ersten und einzigen Bus. Falls die Datei nicht automatisch angelegt wird, kann ich sie auch mit *mknod* von Hand anlegen:

```
# mknod /dev/i2c-0 c 89 0
```

Mit dem Programm *i2cdetect* kann ich verifizieren, ob eine Schaltung am I²C-Bus gefunden wird. Ein PCF8591, mit allen Adressbits auf 0 gezogen, sollte an Adresse 48 hex auftauchen:

```
# i2cdetect -y 0
     0  1  2  3  4  5  6  7  8  9  a  b  c  d  e  f
00:          -- -- -- -- -- -- -- -- -- -- -- --
10: -- -- -- -- -- -- -- -- -- -- -- -- -- -- -- --
...
40: -- -- -- -- -- -- -- -- 48 -- -- -- 4c -- -- --
...
```

Um Daten an den I²C-Bus zu senden, beziehungsweise von diesem zu lesen, verwende ich die Programme *i2cset* und *i2cget*. So kann ich zum Beispiel die Werte an den vier Analogeingängen eines PCF8591 wie folgt abfragen:

```
# i2cget 0 0x48 0x40
0x80
# i2cget 0 0x48 0x41
0xff
# i2cget 0 0x48 0x42
0x20
# i2cget 0 0x48 0x43
0x00
# i2cget 0 0x48 0x40
0x73
```

Dabei muss ich bei diesem Schaltkreis beachten, dass er bei der jeweils nächsten Abfrage den Wert zum Steuerwort (0x40..0x43) der vorigen Abfrage liefert. Näheres dazu findet man im Datenblatt zu diesem Schaltkreis, zu den Programmen helfen die entsprechenden Handbuchseiten weiter.

Serielle Schnittstelle

Auf eine serielle Schnittstelle kann ich mit etwas Lötarbeiten eventuell schon direkt auf dem Board zurückgreifen. Das Modell *ALIX 2D13* hat an Steckverbinder J12 eine zweite serielle Schnittstelle mit 3,3V CMOS Signalpegel, den ich mit einem geeigneten Pegelwandler verwenden kann.

Will ich mir die Hände nicht schmutzig machen oder, mangels Geschick, nicht die Finger verbrennen, dann verwende ich USB-Seriell-Wandler. Hier gibt es mitunter das Problem, dass beim Anschließen oder Trennen der seriellen Schnittstelle der Wandler zurückgesetzt wird und dann vom Kernel einen anderen Namen bekommt (z.B. ttyUSB1 statt sonst ttyUSB0). Dadurch kommen Programme, die die serielle Schnittstelle verwenden, durcheinander. Dem muss ich mit geeigneten udev-Regeln entgegen wirken.

> **Tip**
>
> Weiss ich genau, dass ich immer nur einen USB-Seriell-Wandler verwenden werde, kann ich mir einen Link zum eigentlichen Gerät mit folgender Regel in */etc/udev/rules.d/usb-serial.rules* anlegen lassen:
>
> ```
> SUBSYSTEMS=="usb-serial", SYMLINK+="usb-serial"
> ```
>
> Weitere Tips zu *udev* gibt es im Kapitel *Protokolle und Mechanismen*.

Soundkarten

Hierfür kann ich auf USB zurückgreifen. Mit *Voyage Linux MPD* arbeiten laut Homepage alle Standard USB Audio Class 2.0 (UAC2) Geräte. Alternativ verwende ich das On-Board-Audio-Gerät, das z.B. bei *ALIX 1d* oder *ALIX 3d3* dabei ist.

USV

Willy Tarreau hat in einem WWW-Artikel beschrieben, wie man mit sehr wenig Bauelementen eine billige USV bauen kann, die einen ALIX für etwa 10 Minuten stützen kann. In dieser Zeit kann man zwar nicht die Welt retten, aber bei mir zu Hause fällt mehrmals im Jahr der Strom für ein paar Sekunden so weit ab, dass Rechner ohne USV und eigene Batterie (Notebooks) ausgehen bzw. neu starten. Und dafür reichen 10 Minuten Haltezeit allemal. Oder, wenn man das Netzteil an eine andere Dose stecken will.

Mit ein paar Widerständen und einem PCF8591 lässt sich die Schaltung soweit erweitern, dass der Zustand des Netzteils über den I²C-Bus abgefragt werden kann und - nach einigen Testläufen - Voraussagen zur Restlaufzeit im Batteriebetrieb getroffen werden können. Damit kann ich diese Billig-USV für einen größeren Einsatzbereich verwenden.

Die Schaltung

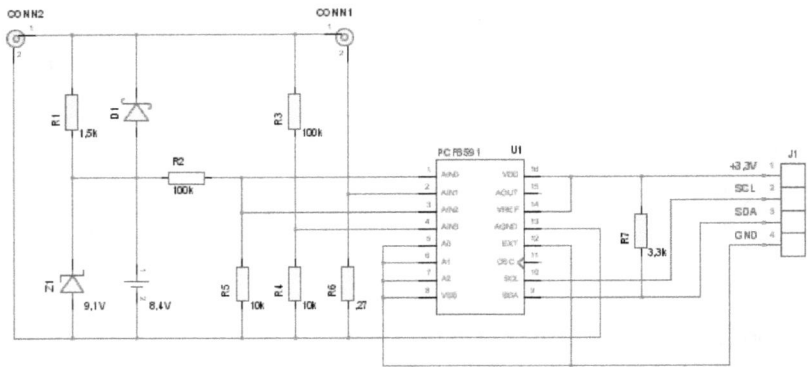

Die originale Schaltung von Willy Tarreau besteht aus dem wiederauflad-
baren 8,4-Volt-Akku, dem Ladewiderstand R1, der Zener-Diode Z1 zur
Ladespannungsbegrenzung und der Schottky-Diode D1, die den Entlade-
strom im Batteriebetrieb an R1 vorbei leitet.

Die Ergänzung, mit deren Hilfe der Zustand der USV abgefragt werden
kann, besteht aus den zwei Spannungsteilern R5/R2, R4/R3 sowie dem
Stromwandler R6. Diese bereiten die Spannungspegel und den Gesamt-
strom so auf, dass sie an den analogen Eingängen des PCF8591 verar-
beitet werden können. Widerstand R7 dient dazu, den I²C-Datenbus
(Leitung *SDA*) nach *VCC* zu ziehen, da die Ausgänge des Schaltkreises
diese Leitung nur nach *GND* ziehen.

Zur Dimensionierung

R1 begrenzt den Ladestrom für die Batterie. Mit einer Spannung von 18
Volt vom Netzteil und 8,4 Volt nominaler Spannung der Batterie fallen
an ihm 9,6 Volt ab. Willy Tarreau empfiehlt in seinem Artikel Werte zwischen 820 und 1500 Ohm. Damit liegt der Ladestrom zwischen 12 und 6
mA. Bei einem Kurzschluss der Batteriepole muss ein 820 Ohm Widerstand knapp 400 mW an Leistung abführen. Bei 1500 Ohm sind es noch
knapp 220 mW, entsprechend ist der Widerstand bezüglich thermischer
Verlustleistung auszuwählen.

Die Zenerdiode Z1 übernimmt den Ladestrom, sobald die Spannung
über dem Akku die Durchbruchspannung erreicht hat. Willy Tarreau
hatte in seiner Schaltung 9,6 Volt angegeben, ich hatte nur 9,1-Volt-

24

Exemplare zur Verfügung. Mit einer weiteren in Reihe geschalteten normalen Diode kann man die Spannung leicht strecken. Bei 820 Ohm für R1 fließen etwa 10 mA durch die Zenerdiode, die zu einer Verlustleistung von etwa 100 mW führen. Bei 1500 Ohm sind es weniger als 65 mW.

Die Schottky-Diode muss im Batteriebetrieb den kompletten Strom des ALIX aushalten. Laut Spezifikation beträgt die Spitzenleistung 6 Watt und das Gerät arbeitet mit mindestens 7 Volt. Dementsprechend sollte eine Diode ausgewählt werden, die 1 A Dauerstrom aushalten kann.

Laut dem Artikel reicht ein 8,4-Volt-Akku aus, um einen ALIX-Rechner etwa 10 Minuten mit Strom zu versorgen, bis die Spannung unter 7 Volt fällt. Die Ladezeit gibt Willy Tarreau mit 24 Stunden bei einem Ladewiderstand von 1500 Ohm an.

Zur Dimensionierung der Überwachungsschaltung mit dem PCF8591 gehe ich kurz auf dessen Beschaltung ein. Die A/D-Wandler vergleichen die analoge Eingangsspannung mit der Referenzspannung (VREF) in 256 Stufen (8 Bit). Dementsprechend sollte die analoge Eingangsspannung nicht über der Referenzspannung (VREF) und nicht unter der analogen Masse (AGND) liegen.

Die Referenzspannung (VREF) kommt vom I²C-Port des Rechners und beträgt 3,3 Volt gegenüber VSS. VSS entspricht der Masseleitung des ALIX-Rechners am heißen Ende von R6. Das bedeutet, das die analoge Referenzspannung gleich 3,3 Volt zuzüglich dem Spannungsabfall an R6 ist. Bei minimal 7 Volt Eingangsspannung und 6 Watt Verlustleistung fließt ein Maximalstrom von weniger als einem Ampere durch R6.

Um den Spannungsabfall an R6 nicht zu groß werden zu lassen, habe ich für diesen 0,27 Ohm verwendet. Damit liegt der maximale Spannungsabfall bei weniger als 0,3 Volt und die Referenzspannung für die A/D-Wandler zwischen 3,3 und 3,6 Volt. Diese Spannung geteilt durch 256 ergibt eine Genauigkeit der A/D-Wandler zwischen 13 und 14 mV. Das entspricht an 0,27 Ohm einem Strom zwischen 48 und 52 mA. Das ist die Genauigkeit, mit der ich den Strom schätzen kann.

Bei maximal einem Ampere reicht für R6 ein Widerstand mit einer maximalen Verlustleistung von einem halben Watt.

Da die Eingangsspannung maximal 20 Volt betragen soll und die Referenzspannung bei 3,3 bis 3,6 Volt liegt, sollte das Verhältnis von R5 zu R2 und von R4 zu R3 ein Sechstel nicht überschreiten. Mit 1 zu 10 habe ich hier noch eine Sicherheitsreserve. Mit der oben angegebenen Genauigkeit der Referenzspannung kann ich damit die Batterie- und Eingangsspannung auf 0,13 bis 0,14 Volt genau schätzen.

Abfrage des USV-Zustands

In der Schaltung verwende ich die analogen Eingänge AIN0 und AIN1 um die Absolutwerte der Batteriespannung und des Gesamtstroms abzufragen. Prinzipiell hätte ich für die Batteriespannung auch AIN2 verwenden können, indem ich dessen Wert als Absolutwert abfrage. Da ich jedoch keine andere Verwendung für diesen Eingang hatte, habe ich darauf verzichtet und kann die Werte einfacher abfragen.

So, wie die Eingänge beschaltet sind, bekomme ich mit dem Steuerbyte

- **0x60** die Batteriespannung

- **0x61** den Strom

- **0x62** die Polarität und den Wert der Spannung über R1 und D1. Hier reicht mir das MSB, um zu entscheiden, ob der Rechner auf Batterie läuft.

Alternativ kann ich mit dem Steuerbyte

- **0x40** oder **0x42** die Batteriespannung

- **0x41** den Strom

- **0x43** die Ausgangsspannung

abfragen und muss dann den Wert für die Batteriespannung von dem für die Ausgangsspannung abziehen, um zu entscheiden, ob der Rechner auf Batterie läuft. Da ich dafür zwei Messzyklen brauche, frage ich sinnvollerweise zuerst die Batteriespannung ab um definitiv nach der zweiten Abfrage die Entscheidung treffen zu können.

Bei meinem Testaufbau ergaben sich folgende Werte im Netzbetrieb mit 12 Volt:

```
# i2cget -y 0 0x48 0x60
0x80

# i2cget -y 0 0x48 0x61
0x3e
# i2cget -y 0 0x48 0x62
0x07
# i2cget -y 0 0x48 0x60
0xdc
```

Und bei abgeschaltetem Netzgerät:

```
# i2cget -y 0 0x48 0x61
0x3d
# i2cget -y 0 0x48 0x62
0x0c
# i2cget -y 0 0x48 0x60
0x01
```

Hier fällt vor allem der dritte Wert auf, der sich zum einem im Vorzeichen ändert (negativ bei Netzspannung, positiv bei Batteriebetrieb) und zum anderen im Absolutwert (Ladespannung über R1 gegenüber Flussspannung von D1) unterscheidet. Ausserdem ist der Stromverbrauch im Batteriebetrieb größer, um die geringere Spannung zu kompensieren.

Geeignete Linux-Distributionen

In diesem Kapitel schaue ich auf Linux-Distributionen, die, meiner Meinung nach, für die X86 Embedded Platform gut geeignet sind. Natürlich ist dieser Blick vollkommen subjektiv, da ich im Laufe der Zeit nur mit relativ wenigen Distributionen zu tun hatte. Letztendlich ist wahrscheinlich fast jede dafür geeignet, die eine macht es mir leichter, die andere schwerer. Ein Tipp zur Auswahl einer Distribution ist, nach den Mindestanforderungen für die Installation zu schauen. Wenn überhaupt, wird da meist der Mindest-RAM und Plattenplatz angegeben. Das sollte schon - zuzüglich einer gewissen Reserve für Extra-Software - auf den Rechner passen.

Habe ich schon Erfahrung mit einer Distribution, und ist sie prinzipiell geeignet, ist es keine schlechte Idee, diese als Ausgangsbasis zu nehmen. Manchmal gibt es auch bereits Projekte, die die betreffende Distribution für meinen Einsatzzweck vorbereiten.

Debian GNU/Linux

Ich habe in den letzten Jahren viele Erfahrungen mit *Debian GNU/Linux* und davon abgeleiteten Distributionen gemacht und auf meinem ersten ALIX-Rechner ein *Debian 6 Squeeze* mit dem Debian Installer installiert. Dabei hatte ich das Dateisystem komplett read-only eingehängt und ein AUFS über den gesamten Verzeichnisbaum gelegt, um den Prozessen, die etwas auf die Platte schreiben wollen, dieses zu ermöglichen. Das ist eine Möglichkeit, wenn auch nicht sehr elegant in Bezug auf die Administration von dauerhaften Konfigurationsänderungen und bei Software-Aktualisierungen. Besser ist da, die zum Schreiben benötigten Verzeichnisse auf *tmpfs* zu legen. Das kann ich bei Debian mit dem Paket *flashybrid* erreichen.

Voyage Linux

Etwas später stieß ich auf *Voyage Linux*. Diese Distribution ist von Debian abgeleitet und läuft am besten auf Plattformen wie PC Engines ALIX/WRAP, Soekris 45xx/48xx und Boards mit Atom-Prozessor. Die Software ist zum überwiegenden Teil direkt von Debian, ich kann die

Server von Debian als Paketquellen verwenden. Lediglich einige wenige Pakete sind zusätzlich, die Hilfsfunktionen für die Geräte bereitstellen.

Im Moment gibt es drei Editionen von *Voyage Linux*:

Voyage Linux die Basisversion

Voyage ONE für VoIP, Mesh-Software, Netzgeräte, etc.

Voyage MPD Music Player Daemon

Alle Ausgaben sind als *tar*-Datei und als Live-CD für *i386* erhältlich.

Damit ist *Voyage Linux* in meinen Augen eine ideale Ausgangsbasis für eigene Projekte mit PC Engines ALIX.

iMedia Embedded Linux

Das ist ein Hybrid zwischen einer kleinen embedded Linux-Distribution und einer ausgereiften Distribution, der auf sparsame X86 Systeme ausgerichtet ist. Während es nicht die Beschränkungen einer embedded Linux-Distribution hat, ist es doch leichtgewichtiger in Bezug auf Plattenplatz, Prozessor- und Speicheranforderungen.

Es ist bibliotheks-kompatibel mit großen, viel genutzten Distributionen, wie Fedora Core, Gentoo, Suse oder Mandriva und macht es damit den Benutzern einfach, ihre Installation zu erweitern. Für AMD Geode LX und Geode GX basierende Rechner gibt es *iMedia ALIX Linux*.

Von Interesse sind bei iMedia Linux die *iMedia Linux Appliances.* Das sind vorgefertigte Linux-Systeme für jeweils einen Zweck, wie Multimedia-Systeme, Kiosk-Systeme, LAMP-Stacks, Router-Appliances, MythTV oder eben iMedia ALIX.

Diese Distribution wird für gewöhnlich via CD-ROM installiert. In den Foren von *iMedia Linux* ist eine Methode beschrieben, wie man die ALIX-Rechner, die nicht von USB starten können, trotzdem via USB-CD-ROM installieren kann. Im nächsten Kapitel steht dazu näheres.

Ich habe noch nicht mit *iMedia Linux* gearbeitet, will es hier jedoch nicht unerwähnt lassen.

OpenWrt

OpenWrt ist eine Linux-Distribution für Embedded Devices. Anstatt eine einzige statische Firmware zu schaffen, liefert OpenWrt ein voll beschreibbares System mit Software-Package-Management. Das erlaubt es, das Gerät durch Software-Packages an jede beliebige Situation anzupassen. Für Entwickler ist OpenWrt ein System um Anwendungen zusammenzustellen, ohne eine komplette Firmware dazu erstellen zu müssen. Für Benutzer bedeutet es vollständige Anpassungsfähigkeit, um das Gerät in bisher nicht vorhergesehener Art und Weise zu benutzen.

Interessant ist insbesondere das Unified Configuration Interface (UCI) von OpenWrt. Dieses bietet eine einheitliche Konfigurationsoberfläche auf der Kommandozeile (das Programm *uci*) sowie für den Webbrowser (*luci* mit einem Webserver).

Ab Version *Kamikaze* ist OpenWrt auf ALIX 2 und ALIX 3, sowie auf WRAP-Rechnern von PC Engines lauffähig.

Beim ersten Boot dauert es etwas länger, dann ist die Konsole bereit und kann mit <Enter> aktiviert werden.

Bei der Erstinstallation werden alle gefundenen Netzwerkgeräte zu einer Bridge zusammengefügt und die Adresse 192.168.1.1 an das Bridge-Interface gebunden. Der Rechner kann über die serielle Konsole, telnet oder einen Webbrowser konfiguriert werden. Nachdem man ein Kennwort für *root* vergeben hat, wird der Telnet-Zugang deaktiviert und SSH aktiviert. Um die Webschnittstelle verschlüsselt zu benutzen installiere ich das Paket *luci-ssl*:

```
# opkg update
# opkg install luci-ssl
# /etc/init.d/uhttpd restart
```

Read-Only-Root mit ext2-Dateisystem

Es gibt noch eine Unstimmigkeit bei OpenWrt mit *ext2* Dateisystem. Dieses wird per Default mit erlaubtem Schreibzugriff eingebunden. Das ist einer der Punkte, die ich vermeiden will. Abhilfe ist zum Glück recht einfach: In der Datei */etc/rc.local* füge ich vor dem exit 0 die folgende Zeile ein:

```
mount -o remount,ro /
```

/dev/root ist ein symbolischer Link auf das eigentliche Gerät mit dem Root-Dateisystem. Weil ich recht bequem bin, lege ich mir noch die zwei Scripte */sbin/remountro* und */sbin/remountrw* an, die obigen Befehl mit der entsprechenden Option enthalten, um je nach Bedarf das Root-Dateisystem mit Nur-Lese- oder Schreib-Zugriff einzuhängen. Um das System zu konfigurieren, muss ich den Schreibzugriff freigeben:

```
# remountrw
# opkg update
```

```
# opkg install ...
# remountro
```

Wichtig am Ende: remountro!

Damit kann ich auf der Kommandozeile gut arbeiten. Um nun auch mit dem Webschnittstelle *LuCI* die System-Partition beschreibbar beziehungsweise nur-lesend einzuhängen, verwende ich eine kleine Erweiterung.

Alle Erweiterungen für *LuCI* kommen in die Verzeichnisse unterhalb von */usr/lib/lua/luci/*. Die Steuerdateien in das Unterverzeichnis *controller/*, während Templates unterhalb von *view/* abgelegt werden. Meine Steuerdatei, */usr/lib/lua/luci/controller/remount.lua*, ist kurz:

```
module("luci.controller.remount", package.seeall)
function index()
  local page = node("remount")
  page.sysauth = "root"
  page.sysauth_authenticator = "htmlauth"
  entry({"remount"}, template("remount"), "Remount")
  entry({"remount", "readonly"}, call("readonly"))
  entry({"remount", "readwrite"}, call("readwrite"))
end
function readwrite()
  luci.sys.exec("mount -o remount,rw,noatime /")
  luci.http.redirect(luci.dispatcher.build_url("remount"))
end
function readonly()
  luci.sys.exec("mount -o remount,ro /")
  luci.http.redirect(luci.dispatcher.build_url("remount"))
end
function mounted()
  local data = ""
  local partitions = luci.util.execi("mount")

  if not partitions then
    return "failure with mount command"
  end
  for line in partitions do
    if string.match(line,"^/.+%s/%s.+") then
      data = data .. line .. "\n"
    end
  end
  return data
end
```

Die Datei registriert in der Funktion *index()* eine URL beim Dispatcher. Ausserdem stellt sie die Funktionen *readonly()*, *readwrite()* und *mounted()* bereit. Die ersten beiden hängen das Dateisystem um, die dritte fischt aus der Ausgabe von *mount* die Zeile mit dem Root-Dateisystem, um den momentanen Zustand anzuzeigen.

Das Template */usr/lib/lua/luci/view/remount.htm* ist ebenfalls sehr kurz:

```
<%+header%>
<h1><%:Remount%></h1>
<p> </p><br />
<% mounted = luci.controller.remount.mounted() %>
<pre>
<%=mounted%>
</pre>
<form name="readwrite" id="readwrite"
action="<%=controller%>/remount/readwrite" target ="_self"
style="display:inline">
<input type="submit" value="read-write" />
</form>
<form name="readonly" id="readonly" action="<%=controller%>/remount/readonly"
target ="_self" style="display:inline">
<input type="submit" value="read-only" />
</form>
<%+footer%>
```

Es gibt den Rückgabewert der Funktion *mounted()* aus der Steuerdatei aus und bietet zwei Formularknöpfe, über die man die Funktionen *readonly()* beziehungsweise *readwrite()* aufrufen kann.

Damit sieht meine Ergänzung für LuCI etwa so aus

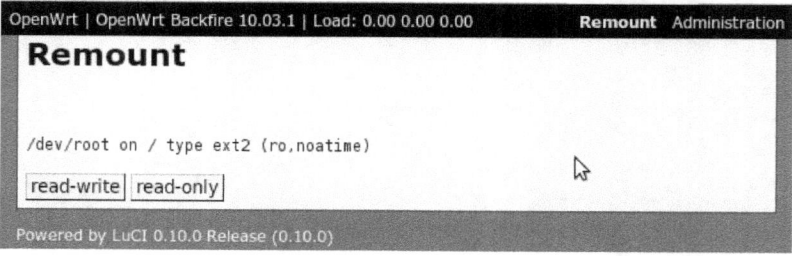

Auch hier darf ich am Ende nicht vergessen, die Root-Partition nur-lesend einzuhängen!

Verwendung der LEDs

Um die LEDs unter OpenWrt zu verwenden benötige ich das Software-Paket *kmods-leds-alix*. Dieses kann ich auf der Kommandozeile mit *opkg*, oder bequem via *LUCI* installieren. Die Konfiguration der LEDs geht ebenfalls komfortabel über die Webschnittstelle. Alternativ mit *uci* auf der Kommandozeile. Eine Beispiel-Konfiguration, bei der LED1 ständig leuchtet und LED2 über den Netzverkehr auf eth0 gesteuert wird, sieht in */etc/config/system* etwa so aus:

```
config 'led'
        option 'sysfs' 'alix:1'
        option 'default' '1'
        option 'trigger' 'default-on'

config 'led'
        option 'default' '0'
        option 'sysfs' 'alix:2'
        option 'trigger' 'netdev'
        option 'dev' 'eth0'
        option 'mode' 'tx rx'
```

Diese Konfiguration kann ich mit `uci import system` über die Standardeingabe einlesen.

Slax

Slax ist eine Linux-Distribution, die sich auf kleine komprimierte Systeme spezialisiert hat. Es enthält X-Windows, den KDE-Desktop mit K-Office, Internet-Browser, Chat-Programme, Audio und Video und etliches mehr. Offiziell gibt es Ausgaben in mehr als 20 Sprachen.

Obwohl Slax aus einem komprimierten Dateisystem gestartet wird, sind alle Dateien änderbar, weil das nur-lesend eingehängte Dateisystem von einem beschreibbaren AUFS-Dateisystem überlagert ist.

Damit könnte es eine Option für Thin Clients auf ALIX-Rechnern mit Grafikkarte sein.

Linux From Scratch

Erwähnenswert ist noch das *Linux From Scratch* Projekt. Dieses vermittelt auf ganz eigene Weise grundlegende Erfahrungen mit Linux, die zusammen mit den Hinweisen in diesem Buch zu einem erfolgreichen Projekt mit ALIX-PCs führen können.

Buildroot

Buildroot ist ebenfalls keine Linux-Distribution sondern ein Projekt, welches den Entwickler eines Linux-Systemes bei der Auswahl der Pakete, Konfiguration und beim Bau des Root-Dateisystems unterstützt. Das ist also eher etwas für Leute, die alles selbst machen und kontrollieren wollen oder müssen.

Es hat eine sehr einfache Struktur und verlässt sich im wesentlichen nur auf *Makefiles*, die den meisten Entwicklern vertraut sein sollten. Es kann die benötigten Werkzeuge für die Cross-Compilation mit uClibc generieren oder vorhandene Werkzeuge verwenden. Die Entwicklungs- und Debug-Werkzeuge können auch für das Zielsystem erstellt werden. Zentrale Bestandteile sind *Busybox* und *uClibc*. Buildroot unterstützt verschiedene Dateisystem-Typen für das Root-Dateisystem und einige hundert Software-Packages.

Selbst erstellte Anwendungen lassen sich in das System integrieren und werden dann mit dem restlichen System gemeinsam zusammengebaut.

Installation von Linux

In diesem Kapitel gehe ich auf verschiedene Wege ein, Linux erstmalig auf einen der Rechner zu installieren.

Grundsätzlich gibt es drei Möglichkeiten:

1. Ich bereite das Bootmedium auf einem anderen Rechner vor und stecke es anschließend in das Gerät.

2. Ich starte und installiere von einem USB-Stick. Das funktioniert lediglich auf den ALIX-Modellen 1.* sowie 3D3 mit Award BIOS, bei den anderen, insbesondere mit TinyBIOS lässt sich USB nicht als Start-Medium einstellen.

3. Ich starte und installiere über das Netzwerk (PXE-Boot)

Mischformen sind möglich.

Vorbereiten des Bootmediums auf einem anderen Rechner

Hierfür brauche ich einen Rechner mit CompactFlash-Lesegerät. Dann habe ich mehrere Möglichkeiten.

Die einfachste und schnellste ist, wenn ich ein vorgefertigtes Image habe, das ich mit *dd* auf die CF-Karte übertrage. Damit kann ich einen Rechner klonen, oder - bei einem Hardwareausfall - den Rechner sehr schnell wieder herstellen. Eventuell muss ich anschließend die udev-Regeln bezüglich der Netzwerkkarten korrigieren, weil diese in manchen Distributionen den Schnittstellennamen an die MAC-Adresse binden.

Als Alternative zum Klonen eines Images mit *dd* kann ich auf der CF-Karte die Partitionen und Dateisysteme von Hand anlegen, die Dateisysteme in meinen Rechner einhängen und mit *debootstrap*, *tar*, *cpio* oder einem ähnlichen Programm das Betriebssystem darauf installieren. Anschließend muss ich den Bootloader mit *grub-install* auf der CF-Karte installieren.

Eine weitere Möglichkeit besteht darin, das zukünftige System als virtuelle Maschine (VM) vorzubereiten und damit alles, inklusive der seriellen Konsole, zu testen. Wenn das System fertig ist, wird das Image der virtuellen Maschine "raw", das heißt Bit für Bit, auf die CF-Karte kopiert. Dabei gilt es einige Sachen zu beachten:

- Bei der Erzeugung der VM sollte diese voll virtualisiert sein. Para-virtualisierung setzt seitens der VM eine Umgebung voraus, die auf dem ALIX-Rechner schlicht nicht vorhanden ist. Im günstigsten Fall habe ich einfach nur zu viel Software installiert, im ungünstigsten Fall funktioniert es nicht.

- Die Festplatte der VM sollte nicht größer als die CF-Karte gewählt werden.

- Eventuell müssen vor dem Kopieren auf die CF-Karte Zuordnungen zur Hardware, wie zum Beispiel die Bindung der Ethernet-Schnittstelle an eine bestimmte MAC-Adresse durch *udev* entfernt werden.

Ich selbst habe so noch kein System vorbereitet, halte das aber für einen gangbaren Ansatz, wenn zum Beispiel ein laufendes System geändert werden soll und keine Hardware zur Verfügung steht, um die Änderungen vorher gründlich zu testen.

Am Ende stecke ich die, auf die eine oder andere Weise vorbereitete CF-Karte, in den ALIX-Rechner und damit ist dieser einsatzbereit.

Vorbereiten von OpenWrt auf einem anderen Rechner

Die CF-Karte lässt sich bei OpenWrt recht einfach auf einem anderen Rechner vorbereiten. Auf den Download-Seiten stehen unterschiedliche Images zum Download bereit, die ich mit *dd* auf die CompactFlash-Karte schreibe und dann in das Gerät stecke. Geeignet für ALIX-Rechner sind die *x86-generic* Images mit *ext2* Dateisystem, zum Beispiel **openwrt-x86-generic-combined-ext2.img.gz**. Dieses Image enthält einen Master Boot Record, eine kleine Partition für den Bootloader *GRUB* und eine Partition mit dem Root-Dateisystem. Nachdem ich das Image auf die Karte geschrieben habe, kann ich mit *gparted* die Root-Partition vergrößern. Alternativ könnte ich - zum Experimentieren - eine weitere Partition mit einem anderen System auf der CF-Karte anlegen und entsprechende Einträge in die Konfiguration von GRUB auf der ersten Partition eintragen.

Bei den folgenden Möglichkeiten zur Installation stecke ich die CF-Karte vorher in den ALIX-Rechner und installiere direkt auf dem Gerät.

Installation über USB-Medien

In den Foren von *IMedia Linux* wird folgendes Vorgehen für die Installation von USB-CD-ROM empfohlen:

36

1. Von http://resources.imedialinux.com wird ein minimales CF-Archiv (im Beispiel /releases/6.0.3/iso/imedia-cfboot-6.0.3.zip) geladen.

2. Eine CF-Karte wird mit ext3-Dateisystem formatiert.

3. Das CF-Archiv wird im Dateisystem der CF-Karte entpackt.

4. Auf der CF-Karte wird der GRUB-Bootloader installiert.

5. Die Installations-CD wird gebrannt und ein USB-CDROM-Laufwerk an das ALIX-Board angeschlossen.

6. Die CF-Karte wird im ALIX-Board eingesetzt und dieses damit gestartet. Das Mini-Betriebssystem auf der Karte hängt die USB-CDROM automatisch ein und installiert von da.

Alternativ kann ich versuchen mit UNetbootin ein startfähiges USB-Live-System für die ALIX 1 zu erzeugen und diese damit zu starten. Damit habe ich allerdings, mangels persönlichem Zugriff auf ALIX 1 Geräte, keine Erfahrungen.

Installation via PXE-Boot

Die in meinen Augen eleganteste und flexibelste Lösung ist die Installation über Netzwerk mit PXE-Boot.

Dabei lädt der Rechner nach dem Start seinen Bootloader aus dem Netz, lädt mit diesem die Programme zur Installation und installiert schließlich das Betriebssystem. Ich kann mit dem fertig zusammengebauten Rechner arbeiten und muss nur dafür sorgen, dass der Rechner im PXE-Boot-Modus startet.

Tip

Bei PC Engines ALIX drücke ich an der seriellen Konsole n während er seinen Speicher testet, um einmalig im PXE-Bootmodus zu starten.

Drücke ich stattdessen s, komme ich in den Setup-Modus und kann den PXE-Bootmodus dauerhaft mit e einstellen. Anschließend beende ich das Setup mit q und bestätige meine Änderungen.

Genauso schalte ich ihn auch wieder ab.

Eine PXE-Boot-Installation ist nicht wie die andere. Hier gibt es verschiedene Möglichkeiten, diese zu individualisieren und zu automatisieren.

Standard-Debian-Installation via PXE-Boot

Hierbei wird vom Bootloader ein Mini-System mit dem Debian-Installer gestartet.

Als erstes bereite ich einen DHCP-Server für PXE-Boot vor. Ich verwende hier den *ISC DHCPd*. Je nach Anzahl von Geräten, die ich installieren will, kann ich das für einen Host machen:

```
host hostname {
    next-server bootservername;
    filename "bootladerdatei";
    hardware ethernet 01:02:03:04:05:06;
}
```

Oder ich mache es für eine Gruppe gleichartiger Rechner:

```
group {
    next-server bootservername;
    filename "bootladerdatei";
    host hostname1 { hardware ethernet 01:02:03:04:05:06; }
    host hostname2 { hardware ethernet 01:02:03:04:05:07; }
}
```

Der Eintrag *bootservername* verweist auf meinen TFTP-Server, dieser Server sollte die Option *tsize* verstehen, wie z.b. *tftp-hpa*. Als *bootladerdatei* verwende ich **pxelinux.0** aus *PXELINUX* vom *SYSLINUX* Projekt. Die Dateien des Debian Installers lege ich ebenfalls in einem Verzeichnisbaum unterhalb der TFTP-Stammverzeichnisses ab. Die Konfiguration für *PXELINUX* steht in einer Datei im Verzeichnis *pxelinux.cfg* und sieht für den Debian Installer etwa so aus:

```
SERIAL 0 38400 0
DEFAULT install
LABEL install
    kernel d-i/i386/linux
    append initrd=d-i/i386/initrd.gz -- console=ttyS0,38400n80
```

In diesem Beispiel habe ich die Dateien des Debian Installers im Verzeichnis *d-i/i386* abgelegt.

Die Installation ist interaktiv, wie bei einer normalen Installation von CD-ROM. Ich habe die gleichen Möglichkeiten, im Rahmen der Beschränkungen durch die Hardware. Dadurch, dass die Installation interaktiv ist, bindet diese auch meine Zeit. Ich kann nicht viel anderes währenddessen tun, es sei denn, ich beantworte die Fragen des Debian-Installers in der *debconf* Datenbank durch *Preseeed*.

Installation mit PXE-Initrd

Etwas besser ist in meinen Augen die Installation mit *pxe-initrd*. Das ist eine Sammlung von Scripts und Konfigurationsdateien, um ein Linux via PXE zu starten, die Festplatten zu formatieren und anschließend mit *rsync* von einem Server auf die frisch formatierten Festplatten zu kopieren. Alles läuft ohne Interaktion, vollautomatisch ab.

Tip

Ich habe im Verzeichnis *pxelinux.cfg* verschiedene Dateien für *localboot* und *pxe-initrd*.
Die Datei *default*, die für alle nicht genau passenden Systeme verwendet wird hat folgenden Inhalt:

```
default localboot


label localboot
localboot 0
```

Damit wird das lokale Betriebssystem verwendet, falls ein Rechner versehentlich via PXE startet.
Für alle Systeme, die *Voyage Linux 0.7.5* bekommen sollen, habe ich die Datei *voyage-0.7.5.conf* mit folgenden Inhalt:

```
serial 0 38400
console 0
label linux
    KERNEL vmlinuz-2.6.38-voyage
    APPEND initrd=initrd-2.6.38-voyage \
        console=ttyS0,38400n1 \
        root=/dev/hda1 root_size=768
```

Damit wird der Kernel von Voyage Linux und die hierfür passende Init-RAMDISK geladen (der Umbruch vor *console=* und *root=* ist nur für die Formatierung, das gehört alles noch zur *APPEND* Zeile).

In einem Posting von 2009 auf der Mailingliste [voyage-linux] fand ich einen Hinweis zu *jra-initrd* von Jeff R. Allen. Er hatte seinerzeit *bit-xpe* genommen und für seine Zwecke angepasst. Bei meinen Tests musste ich leider feststellen, dass die Scipts mit der damals aktuellen Version 0.7.5 von Voyage Linux nicht mehr funktionieren. Im Oktober 2011 habe ich die Scripts von *jra-initrd* überarbeitet, etwas an meine Wünsche angepasst und als *pxe-initrd* veröffentlicht (Quellen siehe Anhang). Diese funktionieren auch mit Version 0.8, bei neueren muss es vorher getestet werden.

Das Betriebssystem, das installiert werden soll, wird als Verzeichnisbaum auf meinem Rechner vorgehalten und über einen *rsync*-Server zum Kopieren bereitgestellt. Die InitRD formatiert den lokalen Speicher, hängt die Dateisysteme ein und kopiert das Betriebssystem mit *rsync*. Anschließend wird der Bootloader *grub* installiert und der Rechner neu gestartet. Bei alledem ist keine Interaktion erforderlich, alles wurde vorher festgelegt. Ich muss lediglich dafür sorgen, dass nach dem Neustart das Betriebssystem nicht noch einmal installiert wird. Entweder lasse ich den ALIX-Rechner nur einmalig mit PXE-Boot starten oder ich trage auf dem TFTP-Server nach Beginn der Installation für den betreffenden Rechner *localboot* ein.

PXE-Initrd hat den Vorteil, dass es schnell aufzusetzen ist. Ich benötige keine komplexe Infrastruktur, sondern im einfachsten Fall nur *pxe-initrd*, einen Verzeichnisbaum mit dem zu installierenden Betriebssystem, *dnsmasq* und *rsync*, sowie eine freie Ethernet-Schnittstelle, falls ich die neuen Rechner nicht im Produktivnetz installieren will. Die Installation funktioniert vollständig ohne Interaktion. Wenn sie gestartet ist, kann ich etwas anderes machen und irgendwann wiederkommen. In gewissen Grenzen kann ich die Installation nachträglich, d.h. beim PXE-Boot selbst über Kernelparameter steuern. Und ich kann das zu installierende System vor der Installation vorbereiten, indem ich mit *chroot* in das Verzeichnis wechsle und es anpasse.

Dem stehen ein paar Nachteile gegenüber. So ist die Änderung etwas umständlich, da ich erst mit *chroot* in die Umgebung wechseln muss und dort nicht alles zu Verfügung habe, wie in einem normalen System (es fehlen procfs, sysfs, ...). Für die meisten Änderungen brauche ich das nicht unbedingt, in anderen Fällen gibt es Workarounds (z.b. mount von /proc , /dev, ... nachträglich im chroot). Einige Pakete lassen sich nur mit Tricks installieren.

Ausserdem benötige ich für verschiedene zu installierende Systeme mehrere komplette Verzeichnisbäume und somit mehr Plattenplatz.

PXE-Installation mit FAI

Die hohe Kunst der automatischen Installation von Debian-basiertem Linux ist FAI (Fully Automated Installation). Dieses Installationssystem ist sehr ausgereift und braucht dementsprechend einiges an Einarbeitungszeit, insbesondere, wenn man seine Möglichkeiten voll ausschöpfen möchte. Diese Zeit ist es aber auch wert, wenn man mehrere unterschiedliche Systeme hat und relativ regelmäßig neue Systeme aufsetzen will oder muss.

Zusammen mit anderen Hilfsmitteln zur automatisierten Systemadministration, wie z.B. *cfengine*, *puppet* oder *chef* erleichtert es den Alltag des Systemadministrators ungemein, aber ich schweife ab vom Thema.

FAI hat als Vorteil gegenüber PXE-Initrd natürlich eine extreme Flexibilität. Damit ist komplett interaktionsfreie Installation möglich, da die Systeme nach erfolgreicher Installation beim TFTP-Server automatisch ihre Konfiguration auf *localboot* umstellen.

Die zu installierenden Systeme werden nicht individuell angepasst, sondern als Klassen definiert und klassentypisch installiert. Alles kann vorher geplant werden, FAI installiert dann nach Plan.

Dem stehen auch einige Nachteile gegenüber, die man für sein Projekt in den Erwägungen berücksichtigen sollte. So ist die entsprechende Infrastruktur, bestehend aus DHCP-Server, TFTP-Server und zusätzlich NFS-Server erforderlich. Diese drei werden oft in einem FAI-Server zusammengefasst. Hinzu kommt die erforderliche Einarbeitungszeit, die nicht unterschätzt werden sollte. Alles muss vorher geplant werden, FAI installiert nur nach Plan.

Alles in allem ist FAI für mich dennoch der Königsweg. Wenn es bereits eingesetzt wird oder man sowieso vorhat, dieses auch für andere Rechner einzusetzen, würde ich ihm auf jeden Fall den Vorzug geben.

Ansonsten muss jeder für sich selbst entscheiden, wie er sein Linux auf den ALIX-Rechner drauf bekommt um die nächsten Schritte zu gehen.

Komponenten eines Linux-Systems

In diesem Kapitel widme ich mich den Komponenten, die ein Linux-System ausmachen. Dafür habe ich das System in die folgenden Bereiche eingeteilt:

Kernel Der Leim, der alles zusammenhält.

Dateisystem Der Ort, wo alles (Programme, Daten) dauerhaft abgelegt wird.

RAM Hierhin werden die Programme und Daten aus dem Dateisystem kopiert, bevor sie benutzt werden können. In den meisten Fällen wird dieser aus den Überlegungen ausgeblendet. Da wir hier aber nur wenig davon zur Verfügung haben, widme ich ihm ein paar Gedanken.

I/O-System Dieses dient der Kommunikation mit der Umwelt über Netzwerk, serielle Verbindungen, Tastatur, Bildschirm, und anderes mehr.

Systemprogramme Alle Programme, die nicht primär dem Einsatzzweck des Gesamtsystems, den Bedürfnissen des Benutzers, dienen, sondern der Aufrechterhaltung eines stabilen Systembetriebs.

Benutzerprogramme Alle Programme, die primär dem Einsatzzweck/den Benutzerinteressen dienen.

Natürlich überlappen sich einzelne Bereiche und gerade bei den Programmen ist es möglich, dass ein Programm je nach Einsatzfall als System- oder Benutzerprogramm angesehen werden kann.

Kernel

Der Kernel wird - mit Recht - nur als eine Komponente des Gesamtsystem angesehen und es gibt beispielsweise bei Debian Anstrengungen, das Betriebssystem auch mit BSD-Kernel oder Hurd benutzbar zu machen. Dennoch hat der Kernel eine zentrale Rolle im Gesamtsystem als Schnittstelle zwischen Hardware und Software, als Kommunikationsschnittstelle zwischen den verschiedenen Prozessen und als diejenige Instanz, die den einzelnen Prozessen die Ressourcen zuteilt.

Interessant ist die Unterstützung der Hardware im ALIX-Rechner durch den Kernel, ob ich externe Kernel-Module benötige oder inwieweit ich mit Userland-Programmen weiterkomme.

Tip

Der Geode LX800 ist nicht i686 kompatibel.
Nachdem es keine i586 Kernel-Packages von Debian gibt, muss ich hier die i486 Version installieren.

Kernelmodule

Für sämtliche in den ALIX-Rechnern verbaute Hardware gibt es GPL-Treiber, die im Standard-Linux-Kernel verfügbar sind.

leds-alix: Dieses Modul ist für die Steuerung der LEDs auf den Boards zuständig. Die ledtrig-* Module stellen Trigger zur Ansteuerung bereit. Seit Kernel 2.6.30 sind diese Module im Standard-Kernel. Das heisst, für Debian 6 Squeeze benötige ich keine separaten Module. Bei älteren Kerneln (zum Beispiel in Debian 5 Lenny), benötige ich das Paket *leds-alix-source*, das ich mit *module-assistant* (m-a) übersetzen und installieren kann.

rtc: Dieses Modul ist für den Zugriff auf die Hardware-Uhr zuständig.

geode-aes, geode-rng: Die *AMD Geode LX800* CPU, die in einigen der ALIX-Boards verbaut ist, enthält einen On-Chip-AES-128-Crypto-Beschleuniger und einen Zufallszahlengenerator. Diesen Beschleuniger zu verwenden ist zum einen schneller als in Software umgesetzte Algorithmen und entlastet zum anderen die CPU.

Für den Zufallszahlengenerator muss ein *rngd* laufen, zum Beispiel von den *rng-tools*.

geodewdt: Ab Kernel Version 2.6.33 ist ein Watchdog-Treiber verfügbar, mit dem der Rechner automatisch neu gestartet werden kann, wenn er festhängt.

i2c_core: Dieses Modul für den I²C-Bus, wird von den Sensoren benötigt.

lm90: Das ist der Treiber für den Sensor-Chip. Aktuell wird ein *lm86* erkannt.

scx200_acb: Das ist der Bustreiber für den ACCESS-Bus der Geode Prozessoren und der CS5536 Bausteine.

cs5535_gpio: GPIO-Modul für Zugriff auf LEDs und Button. Ab Kernel 2.6.33 im Kernel, ansonsten als Modul zu kompilieren.

cs5536,pata_cs5536: Module für die Compact Flash "Harddisk".

Je nach Kernelversion und Kerneloptionen wird die CompactFlash-Karte als */dev/hda* oder */dev/sda* angeboten. Dadurch kann es zu Problemen beim Starten kommen, wenn man einen Kernel einer anderen Version ausprobieren will. Dann ist es vorteilhaft, die Platten nach ihrer UUID oder per Label zu identifizieren.

pata_cs5536	PATA Stack -> /dev/hda
cs5536	ATA Stack -> /dev/sda

via_rhine: Ethernet-Modul.

Dateisystem

Das Dateisystem ist der Ort, an dem alles an Software (Programme, Daten), was das System ausmacht, permanent abgelegt wird. Hier lohnt es sich schon, etwas genauer hinzuschauen. Zum Einen sind die verschiedenen Dateisysteme für verschiedene Medien mehr oder weniger gut geeignet. Insbesondere bei Flash-Medien möchte ich das häufige Schreiben an dieselbe Stelle vermeiden und zumindest die Systemdaten nur lesend verwenden, um Beschädigungen durch Schreibzugriffe zu minimieren. Zum anderen brauchen manche Programme permanenten Speicherplatz, um Daten über einen Systemstart zu retten, oder weil nicht genügend RAM zur Verfügung steht.

Habe ich mein Root-Dateisystem nur lesend eingehängt, so habe ich immer noch verschiedene Möglichkeiten, um einzelnen Prozessen den Schreibzugriff zu ermöglichen:

- mit Overlay-Dateisystemen wie *AUFS*

- indem ich an verschiedenen Stellen im Dateisystem andere beschreibbare Dateisysteme wie *tmpfs* einhänge

- mit symbolischen Links zu beschreibbaren Dateisystemen

SquashFS

Hierbei handelt es sich um ein komprimiertes nur lesbares Dateisystem für Linux ab Kernelversion 2.4. Der Zugriff auf die Dateien erfolgt über ein Kernel-Modul als Virtuelles Dateisystem. Seit Version 2.6.29 ist SquashFS im Standard-Kernel, vorher war es als separates Modul zu übersetzen.

Im SquashFS werden die komplette UID und GID sowie die Zeit der Dateierstellung abgelegt. Dateien, die mehrfach vorhanden sind, werden nur einmal gespeichert. Die Daten werden mit Deflate (*zlib*) oder dem effektiveren Lempel-Ziv-Markow-Algorithmus (*LZMA*) komprimiert. Es wird häufig zusammen mit *UnionFS* oder dem moderneren *AUFS* verwendet, um zumindest temporär Schreibzugriff auf die Dateien zu erhalten.

Für die Arbeit mit SquashFS installiert man unter Debian das Package *squashfs-tools*, dass die beiden Programme *mksquashfs*, zum Anlegen, und *unsquashfs*, zum Extrahieren eines SquashFS ohne es einzuhängen, enthält. Unter Windows ist zumindest ein Lesezugriff mit *7-zip* möglich.

Für erste Experimente kann man einen Teil des vorhandenen Systems in ein SquashFS umwandeln:

```
# mksquashfs /usr/local /mnt/local.sqsh
...
# du -s /mnt/local.sqsh /usr/local
94156    /mntlocal.sqsh
219252  /usr/local/
```

Das entstandene SquashFS ist schon erheblich kleiner als das ursprüngliche Dateisystem. Da ich bei meinen Tests ein Overlay-Dateisystem mit *AUFS* ausprobieren will, lege ich drei Mountpoints an:

```
# mkdir /mnt/local
# mkdir /mnt/local-ro
# mkdir /mnt/local-rw
# mount /mnt/local.sqsh /mnt/local-ro -t squashfs -o loop
# mount -t aufs -o dirs=/mnt/local-rw=rw:/mnt/local-ro=ro aufs /mnt/local
# mount
...
/dev/loop0 on /mnt/local-ro type squashfs (rw)
aufs on /mnt/local type aufs (rw,dirs=/mnt/local-rw=rw:/mnt/local-ro=ro)
```

Das SquashFS habe ich unter */mnt/local-ro/* eingehängt. Nur-lesend kann ich es auch dort verwenden. Beschreibbar möchte ich das Verzeichnis unter */mnt/local/* verwenden. AUFS leitet alle Schreibzugriffe um in das Verzeichnis */mnt/local-rw/*:

```
# echo irgendwas> /mnt/local-ro/var/irgendwas
-bash: /mnt/local-ro/var/irgendwas: Das Dateisystem ist nur lesbar
# echo irgendwas> /mnt/local/var/irgendwas
# diff -r /mnt/local-ro /usr/local
# diff -r /mnt/local /usr/local
Nur in /mnt/local/var: irgendwas.
# cat /mnt/local/var/irgendwas
irgendwas
# cat /mnt/local-rw/var/irgendwas
irgendwas
```

Obwohl *mount* oben angezeigt hat, dass */mnt/local-ro* beschreibbar eingehängt ist, kann ich nicht darauf schreiben, da das mit *SquashFS* nicht möglich ist. Also erzeuge ich die Datei unter */mnt/local/*, und finde sie am Ende in */mnt/local-rw/* wieder.

Overlay-Root-Dateisystem mit AUFS

Bei dieser Lösung wird das Root-Dateisystem nur lesend eingehängt und über den gesamten Verzeichnisbaum ein Overlay-Dateisystem (*AUFS*) gelegt, das alle Schreibzugriffe auf ein temporäres Dateisystem im RAM (*tmpfs*) umleitet. Das ganze wird durch ein Script in der InitRD eingerichtet, dass die Root-Partition nach /ro/ verschiebt, ein *tmpfs* anlegt und unter /rw/ einhängt, ein *AUFS* unter / einhängt, dass von /ro/ liest und nach /rw/ schreibt. Dieses Script wird in der Kernel-Kommandozeile durch den Parameter aufs=tmpfs aktiviert. Ausserdem erzeugt das Script im neuen System zwei Scripts namens *remountro* und *remountrw*, mit denen ich die Root-Partition unter /ro entweder nur lesend oder auch schreibend einhängen kann. Auf diese Art und Weise hatte ich meine ersten ALIX-Systeme aufgesetzt.

Alles, was von irgendeinem Programm in irgendeine Datei geschrieben wird, landet, solange der RAM reicht, unterhalb von /rw/ und ist nach einem Neustart wieder weg. Will ich Daten über einen Neustart behalten, dann muss ich mit *remountrw* die Root-Partition beschreibbar einhängen, die gewünschten Änderungen von /rw/ nach /ro/ kopieren und mit *remountro* die Root-Partition wieder nur lesend einhängen.

Ein Vorteil dieser Lösung ist, das ich mir keine Gedanken mehr darüber machen muss, welches Programm in welche Datei schreiben will. Alles landet unter /rw/ und ist nach einem Neustart wieder weg.

Dem steht als Nachteil gegenüber, das auch System-Upgrades zunächst unterhalb /rw/ landen und nachträglich nach /ro/ kopiert werden müssen. Alternativ kann ich beim Systemstart den Parameter aufs=tmpfs aus der

Kernel-Kommandozeile entfernen und dadurch das System normal starten lassen. Das ist aber gerade für Systeme, die permanent durchlaufen sollen, nicht im Sinne des Erfinders. Deshalb bin ich nach einiger Zeit auf die folgende Lösung übergegangen, die unter anderem bei *Voyage Linux* zum Einsatz kommt.

Read-Only-Root mit mehreren tmpfs

Der Kerngedanke dieser Lösung ist, das Root-Dateisystem nur lesend einzuhängen und keinem Prozess zu erlauben, nach / zu schreiben. Für Verzeichnisse, die traditionell beschrieben werden müssen (z.B. /var/run), werden an diesen Stellen *tmpfs* eingehängt, die Schreibzugriffe erlauben.

Für die Verzeichnisse */var/run/* und */var/lock/* gibt es das schon im Standard Debian, wenn bei diesem in der Datei */etc/default/rcS* folgendes gesetzt wird:

```
# /etc/default/rcS
# ...
RAMRUN=yes
RAMLOCK=yes
```

Bei *Voyage Linux* ist das noch etwas ausgebaut. Dort kann ich in der Datei */etc/default/voyage-util* in der Variable *VOYAGE_SYNC_DIRS* weitere Verzeichnisse angeben, die als *tmpfs* eingehängt werden sollen. Diese Verzeichnisse werden dann automatisch beim Herunterfahren des Systems gesichert und beim Starten mit den gesicherten Daten befüllt. Will ich diese Verzeichnisse dazwischen manuell sichern, so geht das wie folgt:

```
# remountrw
# /etc/init.d/voyage-sync sync
# remountro
```

Bei dieser Lösung muss ich mir vorher Gedanken machen, welche Verzeichnisse beschreibbar sein müssen (z.B. das Verzeichnis mit den Leases beim DHCP-Dämon). Ich habe es dann aber einfacher, wenn ich einen System-Upgrade vornehmen will:

```
# remountrw
# apt-get update && apt-get upgrade
# /etc/init.d/voyage-sync sync
# remountro
```

Aus diesem Grund bin ich von der Lösung mit *AUFS* wieder abgegangen und verwende stattdessen *Voyage Linux*.

Bei *Debian GNU/Linux* gibt es das Paket *flashybrid*, das ähnliches leistet wie *voyage-util* bei *Voyage Linux*.

Tip

Das Paket *flashybrid* von Debian ist nicht ganz so pflegeleicht wie *voyage-util* von Voyage Linux. Mit ein paar Handgriffen ist es jedoch zur Mitarbeit zu bewegen:

1. Nach der Installation setze ich in der Datei */etc/default/flashybrid* die Variable ENABLED=yes.

2. Ich lege ein Verzeichnis */ram* an, unterhalb dessen *flashybrid* die ganzen *tmpfs* einhängt.

3. In */etc/flashybrid/config* kann ich den maximal verwendeten RAM einstellen.

4. In */etc/flashybrid/ramstore* lege ich fest, welche Verzeichnisse in einer RAM-Disk landen sollen. Diese werden beim Systemstart aus der Root-Partition befüllt und beim Herunterfahren oder durch *fh-sync* wieder zurückgeschrieben.

5. In */etc/flashybrid/ramtmp* werden die Verzeichnisse angegeben, die nur temporäre Daten enthalten sollen.

6. Mit `insserv flashybrid` stelle ich sicher, dass */etc/init.d/flashybrid* beim Systemstart gestartet wird.

7. Einige Dienste werden vor *flashybrid* gestartet und halten Dateien in der Rootpartition zum Schreiben offen. Bei diesen arbeite ich mit folgenden Zeilen in */etc/rc.local*:

```
/etc/init.d/rsyslog restart
/etc/init.d/cron restart
/etc/init.d/nfs-common restart
/etc/init.d/portmap restart
mountro
```

Welche Dienste neu gestartet werden müssen, finde ich, wie im Kapitel über Problemlösungsstrategien für lokale Probleme beschrieben, heraus.

Flashybrid stellt die Befehle *mountro*, *mountrw* und *fh-sync* bereit, die die gleiche Aufgabe haben, wie die entsprechenden Befehle bei *Voyage Linux*.

Beschreibbare Dateisysteme

Benötige ich für mein Projekt ein beschreibbares Dateisystem, dann empfiehlt sich eine modernere CompactFlash-Karte (*CompactFlash 5.0* von 2010 oder neuer), die den *TRIM*-Befehl unterstützt. Zusammen mit einem geeigneten Dateisystem (*btrfs*, *ext4fs*, *fat* oder *gfs2*) und einem aktuellen Kernel (ab Version 2.6.33) kann das Betriebssystem der CF-Karte mitteilen, welche Sektoren nicht mehr benötigt werden und daher von der Firmware der Karte nicht mehr umkopiert werden müssen. Damit und durch Freilassen eines Speicherbereiches kann ich die Lebensdauer der CF-Karte auch bei Schreibzugriffen erhöhen.

Festplatten mit UUID oder Label identifizieren

Je nach Kernelversion und Kerneloptionen wird die CompactFlash-Karte als */dev/hda* oder */dev/sda* angeboten. Dadurch kann es zu Problemen beim Starten kommen, wenn ich einen Kernel einer anderen Version ausprobieren will. Dann ist es unter Umständen vorteilhaft, die Platten nach ihrer UUID zu identifizieren. Dazu gehe ich so vor.

Nachdem der Rechner gestartet ist, schaue ich in */dev/disk/by-uuid* nach, welche UUID die einzelnen Partitionen haben:

```
$ ls -l /dev/disk/by-uuid/
insgesamt 0
lrwxrwxrwx 1 root root 10 2011-11-25 07:43
f779141e-e3b1-4521-9333-9dde9de0b64f -> ../../sda1
```

Die Ausgabe ist zwecks besser Lesbarkeit umgebrochen.

Anschließend ändere ich in /etc/fstab den Eintrag für */dev/sda1* um in UUID=f779141e-e3b1-4521-9333-9dde9de0b64f und dito für die anderen.

Im Boot-Eintrag von *GRUB* (Datei */boot/grub/menu.lst*) ändere ich entsprechend die Kerneloption *root* in:

```
root=/dev/disk/by-uuid/f779141e-e3b1-4521-9333-9dde9de0b64f
```

Eine andere Möglichkeit bieten Dateisystemlabel. Diese kann ich zum Beispiel mit *e2label* auf das entsprechende Gerät schreiben:

```
# e2label /dev/sda1 rootfs
```

In */etc/fstab* trage ich die Dateien dann wie folgt ein:

```
LABEL=rootfs   /        ext3    errors=remount-ro 0 1
```

Der Boot-Eintrag von *GRUB* bekommt dann bei der Kerneloption *root* das folgende:

```
root=LABEL=rootfs
```

Random Access Memory

RAM ist der Speicher, in den Programme und Daten kopiert werden, bevor sie von der CPU benutzt werden können. Hier spielt sich alles ab, dieser Speicher ist zudem auf den kleinen Rechnern relativ knapp. Das ist schon das wichtigste, was dazu zu sagen ist. Ich halte es aber für so wichtig, dass ich noch etwas dazu ausführe.

Um ein Programm in einem Prozess abzuarbeiten, wird es zuvor aus dem Dateisystem in den RAM kopiert. Dabei werden nur die Teile, die gerade aktuell abgearbeitet werden sollen und nicht das komplette Programm kopiert. Das gleiche Programm, wenn es von verschiedenen Prozessen ausgeführt wird, wird auch nur einmal kopiert, lediglich den Stack und den Heap hat jeder Prozess für sich persönlich. Es ist ratsam, nach Programmen mit wenig Speicherbedarf Ausschau zu halten. Auch ist es von Vorteil, wenn ein Programm, wie z.B. *busybox* soviele andere wie möglich ersetzen kann, weil das Speicherplatz im RAM und im Dateisystem sparen und von vielen Prozessen verwendet werden kann.

Weiterer RAM wird benötigt, wenn ich über Overlay-Dateisysteme, *tmpfs* oder *loopback*-Mounts RAM direkt als Dateisystem verwende. Dieser Speicher steht den Prozessen dann nicht als Arbeitsspeicher zur Verfügung.

Schließlich verwendet der Kernel den Speicher, der noch nicht für oben genannte Zwecke verwendet wurde, als Pufferspeicher für Dateizugriffe. Darum muss ich mich aber für gewöhnlich nicht kümmern, da dieser Speicher automatisch freigegeben und für andere Zwecke verwendet wird.

Der Hauptspeicher der X86-Rechnerarchitektur wird in drei Bereiche unterteilt:

ZONE_DMA: von 0 bis 16 MiB, dieser Bereich enthält Speicherseiten, die von Geräten mit DMA genutzt werden können

ZONE_NORMAL: von 16 MiB bis 896 MiB, dieser Bereich enthält normale regulär eingeblendete Speicherseiten

ZONE_HIGHMEM: ab 896 MiB, dieser Bereich enthält Speicherseiten, die nicht dauerhaft in den Adressbereich der 32-Bit-CPU eingeblendet sind. Für die ALIX-Rechner ist dieser Bereich nicht relevant.

Analyse der Speichernutzung

Um die Speichernutzung eines Linux-Systems zu analysieren, greife ich auf die Programme *free*, *top*, *ps* und *pmap* zurück.

Das Programm **free** zeigt mir einen Überblick zur momentanen Belegung des gesamten nutzbaren Systemspeichers:

```
$ free
                  total       used       free     shared    buffers     cached
Mem:             255488     135984     119504          0       6588     108732
-/+ buffers/cache:           20664     234824
Swap:                 0          0          0
```

Dabei sehe ich unter *total* nie den gesamten Speicher, da der vom Kernel selbst und von der Hardware verwendete Teil gleich heraus gerechnet wird.

Der Speicher unter *buffers* enthält temporäre Daten der laufenden Prozesse, also Eingangsqueues, Dateipuffer, Ausgabequeues und so weiter. Der als *cached* markierte Speicher enthält zwischengespeicherte Dateizugriffe, zum Beispiel, wenn mehrere Prozesse auf die gleiche Datei zugreifen.

Mit dem Programm **top** kann ich einzelne Prozesse, die besonders viel Speicher verbrauchen, schon näher eingrenzen. Es liefert im Kopf eine Übersicht über die Prozesse, die CPU-Last und den Gesamtspeicherverbrauch und darunter eine Tabelle mit den Daten einzelner Prozesse. Die Ausgabe wird kontinuierlich aktualisiert und kann modifiziert werden. Mit ? erhalte ich eine kurze Hilfeseite über die möglichen Modifikationen. Für mich ist in diesem Fall die Sortierung nach Speicherverbrauch durch m interessant:

```
top - 08:29:03 up 125 days, 21:33,  1 user,  load average: 0.00, 0.00, 0.00
Tasks:  54 total,   1 running,  53 sleeping,   0 stopped,   0 zombie
Cpu(s):  0.4%us,  0.2%sy,  0.0%ni, 99.4%id,  0.0%wa,  0.0%hi,  0.0%si,  0.0%st
Mem:    255488k total,   136172k used,   119316k free,     6588k buffers
Swap:        0k total,        0k used,        0k free,   108732k cached

  PID USER      PR  NI  VIRT  RES  SHR S %CPU %MEM    TIME+  COMMAND
 9006 mathias   20   0  6220 4924 1340 S  0.0  1.9   0:03.21 bash
 1031 snmp      20   0  8832 4268 2660 S  0.2  1.7 186:43.97 snmpd
```

```
 954 ntp       20   0  4576 1920 1480 S  0.0  0.8  9:52.96 ntpd
9037 mathias   20   0  2324 1096  876 R  0.4  0.4  0:00.74 top
9005 root      20   0  2396 1048  788 S  0.0  0.4  0:01.44 dropbear
 898 root      20   0  3808  928  740 S  0.0  0.4  0:27.43 cron
2260 root      20   0  2960  900  672 S  0.0  0.4  0:06.71 pppd
 842 dnsmasq   20   0  4116  840  656 S  0.0  0.3  0:14.54 dnsmasq
 220 root      16  -4  2252  720  396 S  0.0  0.3  0:00.23 udevd
 263 root      18  -2  2248  688  364 S  0.0  0.3  0:00.06 udevd
```

Für die Speicheranalyse sind hier vor allem vier Spalten interessant

VIRT: steht für die virtuelle Größe des Prozesses. Diese setzt sich zusammen aus dem eingeblendeten Speicher, in den Adressbereich eingeblendeten Dateien und Speicher, der mit anderen Prozessen geteilt wird. Mit anderen Worten, der Speicher auf den ein Prozess gerade Zugriff hat. Darin ist auch der Speicher enthalten, der ausgelagert wurde.

RES: steht für *resident size*, der physische Speicher, welcher von einem Prozess belegt wird. Dieser wird für die *%MEM* Spalte herangezogen.

SHR: ist der Anteil von *VIRT*, der mit anderen Prozessen geteilt werden kann.

%MEM: ist der prozentuale Anteil eines Prozesses am verfügbaren physischen Speicher.

Mit dem Program **ps** kann ich einen Schnappschuss des momentanen Speicherverbrauchs aller Prozesse bekommen:

```
$ ps aux
USER       PID %CPU %MEM    VSZ   RSS TTY      STAT START   TIME COMMAND
root         1  0.0  0.2   2024   676 ?        Ss   Jul27   2:32 init [2]
root         2  0.0  0.0      0     0 ?        S    Jul27   0:00 [kthreadd]
root         3  0.0  0.0      0     0 ?        S    Jul27   0:00 [ksoftirqd/0]
root         4  0.0  0.0      0     0 ?        S    Jul27   0:00 [watchdog/0]
root         5  0.0  0.0      0     0 ?        S    Jul27   0:34 [events/0]
...
snmp      1031  0.1  1.6   8832  4268 ?        S    Jul27 186:45 /usr/sbin/snmpd
root      1033  0.0  0.1   1480   396 ?        Ss   Jul27   0:00 /usr/sbin/udhcp
root      1056  0.0  0.2   1700   536 ttyS0    Ss+  Jul27   0:00 /sbin/getty -L
root      1305  0.0  0.2   2248   544 ?        S<   Nov13   0:00 udevd --daemon
root      2260  0.0  0.3   2960   900 ?        S    Nov16   0:06 /usr/sbin/pppd
root      9005  0.0  0.4   2396  1048 ?        Ss   08:16   0:01 /usr/sbin/dropb
```

```
mathias   9006  0.1  1.9   6220  4928 pts/0    Ss   08:16   0:03 -bash
root      9041  0.0  0.0      0     0 ?         S    08:46   0:00 [flush-8:0]
mathias   9042  0.0  0.3   2344   904 pts/0    R+   08:51   0:00 ps aux
```

Um die größten Speicherverbraucher zu finden, sortiere ich nach Spalte 6:

```
$ ps aux|sort -n -k6 -r |head
mathias   9006  0.1  1.9   6220  4928 pts/0    Ss   08:16   0:03 -bash
snmp      1031  0.1  1.6   8832  4268 ?         S    Jul27 186:46 /usr/sbin/snmpd
ntp        954  0.0  0.7   4576  1920 ?         Ss   Jul27   9:53 /usr/sbin/ntpd
root      9005  0.0  0.4   2396  1048 ?         Ss   08:16   0:01 /usr/sbin/dropb
root       898  0.0  0.3   3808   928 ?         Ss   Jul27   0:27 /usr/sbin/cron
mathias   9054  0.0  0.3   2344   908 pts/0    R+   08:58   0:00 ps aux
root      2260  0.0  0.3   2960   900 ?         S    Nov16   0:06 /usr/sbin/pppd
dnsmasq    842  0.0  0.3   4116   840 ?         S    Jul27   0:14 /usr/sbin/dnsma
mathias   9057  0.0  0.3   2036   768 pts/0    S+   08:58   0:00 less -S
root       220  0.0  0.2   2252   720 ?         S<s  Jul27   0:00 udevd --daemon
```

Interessant sind für die Speicheranalyse die Spalten *VSZ* (virtual set size), *RSS* (resident set size) und *PID* (process id). Die letztere, um damit den betreffenden Prozess mit **pmap** genauer zu untersuchen:

```
$ sudo pmap -d 1031
1031:   /usr/sbin/snmpd -Lsd -Lf /dev/null -u snmp -g snmp -I -smux -p /var/run/snmpd.pid
Address   Kbytes Mode  Offset           Device    Mapping
08048000      24 r-x-- 0000000000000000 000:00010 snmpd
0804e000       4 rw--- 0000000000005000 000:00010 snmpd
09cd4000    1156 rw--- 0000000000000000 000:00000  [ anon ]
b70bf000      40 r-x-- 0000000000000000 000:00010 libnss_files-2.11.2.so
b70c9000       4 r---- 0000000000009000 000:00010 libnss_files-2.11.2.so
b70ca000       4 rw--- 000000000000a000 000:00010 libnss_files-2.11.2.so
...
b77c7000       4 r-x-- 0000000000000000 000:00000  [ anon ]
b77c8000     108 r-x-- 0000000000000000 000:00010 ld-2.11.2.so
b77e3000       4 r---- 000000000001a000 000:00010 ld-2.11.2.so
b77e4000       4 rw--- 000000000001b000 000:00010 ld-2.11.2.so
bfc54000     332 rw--- 0000000000000000 000:00000  [ stack ]
mapped: 8828K   writeable/private: 2172K   shared: OK
```

Der in der letzten Zeile als *writeable/private* bezeichnete Speicher ist der, den der Prozess nur für sich verbraucht und nicht mit anderen teilt.

Swappiness

Falls ich trotz größter Bemühungen, den Speicherverbrauch des Gesamtsystems zu reduzieren, trotzdem auf Auslagerungsspeicher (*SWAP*) zurückgreifen muss, kann ich ab Kernel 2.6 zumindest darauf Einfluss zu nehmen, ob der Kernel eher Prozesse und Daten auslagert (*swapping*), oder eher die Caches verkleinert, wenn der Speicher zur Neige geht. Das geht mit dem Parameter *Swappiness*, der als Zahl von 0 .. 100 eingestellt wird. Dabei bedeutet 100, das der Kernel eher auslagert und 0, dass der Cache sehr klein werden kann. Die Standardeinstellung ist 60, für Laptops wird ein Wert kleiner oder gleich 20 empfohlen. Dieser Parameter kann zur Laufzeit geändert werden:

```
# sysctl -w vm.swappiness = 30
```

oder:

```
# echo 30 > /proc/sys/vm/swappiness
```

Falls mein System ohne Auslagerungsspeicher läuft ist das jedoch irrelevant.

I/O-Subsystem

Die Kommunikation mit der Umgebung fällt in den Bereich I/O. Die Zuteilung der Geräte und die Low-Level-Treiber dafür fallen im Allgemeinen in die Zuständigkeit des Kernels. Hier finde ich die dafür geeigneten Treiber.

Wichtig ist, die in einem Rechner verbaute Hardware zu identifizieren. Für diesen Zweck gibt es einige Programme:

lspci listet alle Geräte am PCI-Bus.

lsusb leistet das gleiche für die USB-Schnittstellen.

lscpu gibt Informationen zur CPU aus, die die Informationen aus der Pseudodatei */proc/cpuinfo* ergänzen.

lshw zeigt so gut wie alles, was via Software über die im Rechner eingebaute Hardware zu ermitteln ist.

dmesg zeigt die Kernelmeldungen an und kann insbesondere bei fehlerhaft identifizierter Hardware zeigen, zu welcher Auffassung der Kernel gelangt ist, beziehungsweise, ob er die Hardware überhaupt wahrgenommen hat.

Mit den Ausgaben dieser Programme kann ich durch eine kurze Suche im Internet meist den passenden Treiber für mir unbekannte Hardware finden.

Systemprogramme

Das sind Programme, die nicht direkt mit dem Zweck des Gesamtsystems zu tun haben, sondern eher der Betriebsbereitschaft des Systems dienen.

Da ist als erster Prozess, der nach dem Systemstart geladen wird, *init* zu nennen. Traditionell gibt es *System-V* und *BSD* Init, die ähnlich arbeiten und sich im wesentlichen nur in der Art und Weise unterscheiden, wie die Start- und Stopp-Skripts für die Dienste abgearbeitet werden. Da die traditionellen Programme auf Server ausgerichtet waren, welche nur relativ selten neu gestartet werden mussten, sind diese nicht einfach für einen schnelleren Systemstart zu optimieren. Daher gibt es in letzter Zeit einige Ansätze, einen Ersatz für *init* zu finden, der mehr Flexibilität beim Start der Dienstprogramme erlaubt und geringere Startzeiten des Gesamtsystems ermöglicht.

Weitere wichtige Systemprogramme zum Anmelden am System sind *getty* für die - in diesem Fall seriellen - Konsolen und *sshd* für die Anmeldung via Netz. Zwar sind das Anmeldeprogramme für Benutzer, doch in diesem Fall denke ich an die Systemadministratoren als Benutzer, die sich anmelden müssen, um sich ein Überblick über das System zu verschaffen oder ein Problem zu diagnostizieren. In diesem Sinne wäre ein Displaymanager bei einem grafischen System oder ein HTTP-Server für ein Web-Administrationssystem dazu zu zählen.

Tip

Ich verwende auf kleinen System sehr gern *dropbear* als SSH-Dämon. Dieser ist entworfen für Umgebungen mit wenig Speicher. Er implementiert die meisten benötigten Features des SSH2-Protokolls und weitere wie X11- und Authentication-Agent-Forwarding.

Als essentiell erachte ich auf jedem System *syslogd* und *klogd*. Diese liefern im Fehlerfall oft wertvolle Hinweise und helfen, wenn regelmäßig überwacht, manche Probleme im Vorfeld zu vermeiden. Gerade auf eingeschränkten Plattformen, wie den ALIX-Rechnern, ist ein *syslogd* notwendig, der sparsam mit den Ressourcen umgeht. Hier habe ich gute Erfahrung mit *busybox-syslogd* gemacht. Dieser schreibt keine Logdateien, sondern verwendet einen Speicherbereich fester Größe für die

Systemnachrichten und kann diese auch an externe Systeme weiterleiten. Die Nachrichten selbst können mit *logread* eingesehen werden.

Da viele Systeme, die über Netz zusammenarbeiten, auf synchron laufende Uhren angewiesen sind (zum Korrelieren von Syslog-Nachrichten, für kryptographische Verfahren wie *kerberos*, und anderes mehr) halte ich den *ntpd* ebenfalls für essentiell. In einem nicht vernetzten System sieht das anders aus.

Schließlich ein DHCP-Client, wenn die Netzparameter nicht fest vorgegeben werden.

Ein SNMP-Dämon, falls das Gerät über dieses Protokoll überwacht werden soll.

Tip

In der Standardeinstellung bei Debian protokolliert *snmpd* jeden Zugriff. Das ist insbesondere ein Problem, wenn zum Beispiel via Nagios regelmäßig Systemdaten abgefragt werden. Dann ist das Systemprotokoll voll mit Daten, die für eine Fehlersuche irrelevant sind. Um das abzustellen, muss ich den Kommandozeilenparameter für das Logging ändern. Der ursprüngliche Eintrag für die Protokollierung via *syslogd* lautet -Lsd. Besser ist in meinen Augen -LSwd, welches für Logging zu *syslogd* ab Priorität *warning* zu Facility *daemon* steht. Dieses trägt man in der Datei */etc/default/snmp* beim Parameter *SNMPDOPTS* ein und startet den *snmpd* neu.

Sobald regelmäßige Aufgaben im System anfallen, wird *cron* zu einem wichtigen Systemprogramm.

Sendmail, ist für *cron* wichtigt, falls dieses eine E-Mail an den Administrator senden will. Hierfür verwende ich gern *nullmailer*, wenn das Gerät sonst kaum E-Mail versendet.

Benutzerprogramme

Diese sind vom Einsatzzweck abhängig. Das können DHCP-, DNS-, HTTP- oder sonstige Server sein. MP3-Streaming-Clients, Asterisk bei einer Telefonanlage.

Auf Grund der Vielfalt der möglichen Einsatzgebiete und der großen Anzahl verfügbarer Programme gehe ich darauf hier nicht weiter ein.

57

Software selbst übersetzen

Nicht immer finde ich alle Software, die ich benötige, in den Repositories der von mir eingesetzten Linux-Distribution. Manchmal habe ich Glück und ich finde über die Homepage der entsprechenden Software Pakete für meine Distribution, die ich einsetzen kann. Ein anderes Mal kann ich mir damit behelfen, dass ich in den Entwicklerbereichen meiner Distribution Ausschau halte. So gibt es zum Beispiel bei Debian neben dem *Stable* Zweig, den ich in den meisten Fällen für so ein Projekt einsetze, noch den *Testing* und den *Unstable* Zweig, die eventuell schon die gewünschte Software enthalten. Oft kann ich diese nicht direkt einsetzen, da die Programme der anderen Zweige andere Bibliotheken benötigen, die ich nicht im *Stable* Zweig habe. Mitunter reicht es dann, die Pakete einfach noch einmal neu zu übersetzen, wofür ich die Entwicklungsumgebung installieren muss. Häufig brauche ich noch Bibliotheken, die ich dann ebenfalls erst neu kompilieren muss. Für einige Pakete ist das bereits gemacht, diese finde ich unter http://backports.debian.org/. Diese haben den Vorteil, dass ich für die Installation die Paketverwaltung von Debian verwenden kann.

System- oder Anwendersoftware

Will ich eine Software installieren, für die es überhaupt noch keine Unterstützung in meiner Distribution gibt, dann bleibt mir nichts, als diese selbst zu verwalten. Das heißt selbst kompilieren, installieren, konfigurieren und nach einer Aktualisierung wieder deinstallieren.

Meist liegt den Archiven mit den Quellen der von mir gewünschten Software eine Datei namens *README* oder *INSTALL* bei, die Hinweise zum Kompilieren, zu den nötigen Bibliotheken und zur Installation gibt. Diese schaue ich mir zuerst an.

Viele Softwarepakete verwenden das GNU Build System, auch bekannt als Autotools, das das Portieren in andere unixoide Umgebungen erleichtert und die Voraussetzungen auf dem Rechner überprüft. Oft sind diese erkennbar an einem ausführbaren Script namens *configure*. Das Script kann ich mit der Option `--help` aufrufen, um Hinweise für weitere Optionen zu erhalten. Mit denen kann ich zum Beispiel Features an- oder abschalten oder bestimmte Pfade voreinstellen. In den meisten Fällen interessiert mich die Option --prefix, mit der angegeben wird, wo die Software bei make install installiert werden soll.

Üblicherweise ist */usr/local* voreingestellt, weil die Software dort nicht mit der von der Linux-Distribution verwalteten Software kollidiert. Ich bevorzuge das Verzeichnis */usr/local/stow/softwarename-version*. Dann kann ich mit dem Programm *stow* symbolische Links unter */usr/local* anlegen, über die ich die Software verwende. Wenn ich eine neue Version einspiele, landet diese komplett in einem anderen Verzeichnis und ich kann in wenigen Sekunden zwischen beiden umschalten. Auch das Entfernen der älteren Version ist problemlos, da ich nur alles unterhalb des Verzeichnisses */usr/local/stow/softwarename-version* entfernen muss. Das erleichtert den Umgang mit selbst verwalteter Software ungemein.

Zum Beispiel sieht die Installation von *monotone*, einem verteilten Versionsverwaltungssystem bei mir meist so aus:

```
$ tar xjf monotone-1.0.tar.bz2
$ cd monotone-1.0
$ ./configure --prefix=/usr/local/stow/monotone-1.0
$ make
$ make check
$ sudo make install
$ sudo stow -d /usr/local/stow monotone-1.0
```

Danach habe ich *monotone* unter */user/local/stow/monotone-1.0* installiert und in */usr/local/bin*, */usr/local/etc* und */usr/local/share* gibt es symbolische Links dorthin. Ich kann mtn direkt aufrufen, die Handbuchseite ist für *man* verfügbar, und wenn ich es los werden will, brauche ich nur den *stow* Befehl mit der Option -D aufrufen und das Verzeichnis */usr/local/stow/monotone-1.0* entfernen.

Debian Packages erzeugen

Es gibt mindestens drei Gründe, die mich dazu bringen können, selbst Debian Software Packages zu erzeugen:

- Die von mir gewünschte Software existiert zwar als Package in der verwendeten Distribution, aber ich brauche eine Version oder Features, die nicht enthalten sind.

- Ich will die Software eigentlich gar nicht, aber andere Pakete haben sie in den Abhängigkeiten aufgeführt, so dass die Paketverwaltung immer wieder versucht, die Software zu installieren.

- Ich will die Software mit dem Paketverwaltungssystem verteilen und installieren.

Im ersten Fall kann ich es mir eventuell ganz einfach machen. Ich besorge mir mit `apt-get source packagename` die Quellen und Build-Scripts der letzten Version. Anschließend hole ich mir die benötigte Version der Originalquellen. Nun kann ich versuchen, das *debian/* Verzeichnis aus den mit apt-get geholten Paketquellen in das entpackte Verzeichnis der Originalquellen zu kopieren. Ich schaue mir die Dateien im *debian/* Verzeichnis an und ändere gegebenenfalls einige davon, um neue Features freizuschalten. Anschließend rufe ich im neuen Quellverzeichnis `debuild -us -uc` auf. Mit etwas Glück habe ich nun schon die Software in der benötigten Form.

Im zweiten Fall will ich ein leeres Package, das die Abhängigkeiten erfüllt und verwalte die Software lieber selbst unter */usr/local/*. Hier hilft mir das Werkzeug *equivs*. Das ist für genau diesen Zweck geschaffen.

Im dritten Fall bleibt mir nichts anderes übrig, als mich in die Erstellung von Debian Packages einzuarbeiten. Ich installiere die wesentliche Software für die Package-Entwicklung:

- **build-essential**, dieses enthält eine Liste von notwendigen Programmen, um Debian-Packages zu erstellen.

- **devscripts**, enthält Scripts, um das Leben eines Debian Package Entwicklers einfacher zu machen.

- **debhelper**, eine Sammlung von Programmen, die in *debian/rules* Dateien verwendet werden können, um allgemeine Aufgaben beim Paketbau zu automatisieren.

- **pbuilder** oder **sbuild**, mit denen die Programme in einer *chroot* Umgebung übersetzt werden können, um Sicherheitsprobleme mit ungeprüfter Software zu vermeiden und Abhängigkeiten besser zu erkennen.

Für den Einstieg in die Package-Erstellung empfehle ich den Artikel *HowToPackageForDebian* im Debian Wiki (wiki.debian.org).

Kernel und Kernelmodule

Für Debian-basierende Systeme kann ich bei Fragen bezüglich des Kernels auf das *Debian Linux Kernel Handbook* zurückgreifen.

In den meisten Fällen hilft mir Kapitel vier, *Common kernel-related tasks*, weiter. Um den Kernel oder Extra-Module selbst zu kompilieren benötige ich einige Entwicklerpakete, die ich mit *apt-get* installiere:

60

- **build-essential** - habe ich bereits vorgestellt

- **kernel-package** - enthält Hilfsmittel für Debian Packages rund um den Linux-Kernel, unter anderem *make-kpkg*, mit dem ich ein Kernel-Package für die Installation mit *dpkg* erzeugen kann.

- **module-assistant** - hilft beim Übersetzen externer Kernel-Module, die schon für Debian vorbereitet sind.

Kernel übersetzen

Zunächst installiere ich die benötigten Entwicklerpakete:

```
$ sudo apt-get install build-essential
$ sudo apt-get install kernel-package
```

Dann besorge ich mir die Kernelquellen. Entweder das entsprechende Debian-Package *linux-source-<version>*, oder ich hole die Quellen von www.kernel.org und entpacke sie unter */usr/src/*.

Anschließend lege ich einen symbolischen Link von */usr/src/linux* an und konfiguriere den Kernel. Für letzteres kann ich die Konfiguration eines bereits laufenden Kernels als Ausgangsbasis nehmen:

```
$ sudo ln -s linux-<version> /usr/src/linux
$ cd /usr/src/linux
$ cp /boot/config-<version> .config
$ make oldconfig
$ make menuconfig
$ make-kpkg clean
$ make-kpkg --rootcmd fakeroot kernel_image --revision <rev> --initrd
```

Das erzeugte Kernel-Package kann ich mit *dpkg* installieren.

Kernelmodule übersetzen

Für manche Module, die nicht im Debian-Kernel und nicht im Kernel von www.kernel.org enthalten sind, gibt es vorbereitete Pakete, deren Name üblicherweise auf *-source* endet (z.B. *squashfs-source* bei Debian 5 oder *openswan-modules-source* bei Debian 6). Diese Pakete können installiert und die Module daraus mit *module-assistant* (kurz *m-a*) erzeugt werden:

```
$ sudo apt-get install module-assistant
$ sudo apt-get install openswan-modules-source
$ sudo m-a build openswan-modules
$ sudo dpkg -i /usr/src/openswan-modules-$version.deb
$ sudo modprobe ipsec
```

Für Details schaue ich in den Handbuchseiten von *m-a* nach.

Software für OpenWrt

Um Software für OpenWrt zu übersetzen, brauche ich bei den ALIX-Geräten keine allzugroßen Kopfstände zu machen. Da die Rechner mit X86-Prozessoren laufen, brauche ich keinen Cross-Compiler. Ich muss lediglich auf die installierten Bibliotheken Rücksicht nehmen und gegebenenfalls mein Programm mit diesen neu übersetzen.

Die erste Anlaufstelle bei Eigenentwicklungen ist das Dokumentations-Wiki von OpenWrt (wiki.openwrt.org). Finde ich dort keine Antwort, kann ich im Forum (forum.openwrt.org) weiter suchen oder schließlich selbst eine Frage stellen.

Laufender Betrieb und Administration

Habe ich Linux auf meinem ALIX-Rechner und die Software, die ich benötige, installiert, muss ich mir Gedanken über den Einsatz machen. Wie konfiguriere ich den Rechner für das Netzwerk, wie aktualisiere ich die Software und wie bekomme ich überhaupt mit, dass es aktualisierte Software gibt und, ob ich diese besser einspielen sollte.

Konfiguration für den Einsatzzweck

Im Idealfall muss ich überhaupt nichts konfigurieren, alles kann von aussen, im Netzwerk zum Beispiel via DHCP, Bonjour, Zero Configuration Networking oder IPv6-Autokonfiguration, eingestellt werden. So etwas kann ich auf einem Streaming-Client für Musik machen, der aus dem Netz konfiguriert wird und dessen Wiedergabelisten auf dem Server liegen. Anstecken, einschalten, geht.

Das ist schön, funktioniert aber nicht immer so. Dann muss ich die Software auf dem Gerät konfigurieren und - damit die Konfiguration über den nächsten Systemstart erhalten bleibt - auf ein geeignetes Medium schreiben. Dieses Medium, im einfachsten Fall das Dateisystem der Root-Partition, muss dafür zumindest während der Konfiguration beschreibbar sein. Um die Root-Partition zum Schreiben freizugeben und wieder zu sperren, gibt es die Scripts *remountrw* und *remountro*, die genau das machen, nämlich die Root-Partition im Schreib-Lese-Modus bzw. im Nur-Lese-Modus neu einzuhängen. Nun habe ich mein Dateisystem beschreibbar und kann es konfigurieren.

Tip

Für Neugierige:

```
mount -o remount,rw /
```

und:

```
mount -o remount,ro /
```

machen das gleiche.

Da sich ein Linux-System aus Software unterschiedlichster Herkunft zusammensetzt, ist die Konfiguration entsprechend heterogen. Das einzige gemeinsame Merkmal, dass fast alle Software unter Linux und UNIX insgesamt aufweist, ist die Konfiguration durch Textdateien, die mit jedem beliebigen Texteditor - traditionell mit vi - bearbeitet werden können. Selbst dieser kleinste gemeinsame Nenner fängt schon an zu bröckeln, da zum Beispiel Samba auch über eine binäre Registry konfiguriert werden kann, die mit dem *net* Befehl bearbeitet wird.

Aber schon bei der Syntax der Konfigurationsdateien fangen die Unterschiede an. Es gibt Schlüssel-Wert-Paare, die einmal durch Gleichheitszeichen getrennt sind und einmal nicht. Die Konfigurationsdatei kann in Abschnitte unterteilt sein oder komplexe Blockstrukturen mit Klammerung enthalten. Manche Software stellt den vollen Umfang der Skriptsprache, in der sie geschrieben ist, auch in der Konfigurationsdatei zur Verfügung. Andere Software wiederum verwendet verschiedene Konfigurationsdateien mit unterschiedlicher Syntax - ISC BIND wäre hier zu nennen.

Auch die Art und Weise, wie Kommentare in Konfigurationsdateien geschrieben werden, unterscheidet sich, so dass ich nicht ohne Studium der Handbuchseiten oder anderer Dokumentation auskomme.

Zwar gibt es einzelne Projekte, die die Konfiguration des Gesamtsystem vereinheitlichen oder zumindest unter eine einheitliche Oberfläche bringen wollen, wie zum Beispiel *Webmin*, das schon etwas betagte *Linuxconf*, UCI von OpenWrt oder die verschiedenen Serverkonfigurationsprogramme. Doch bei diesen muss ich mich - insbesondere wegen der beschränkten Ressourcen, die mir zur Verfügung stehen - fragen:

- ob ich damit alles konfigurieren kann, was konfiguriert werden muss?

- ob ich genug Plattenplatz und Hauptspeicher für das Konfigurationsprogramm habe?

- ob es hinreichend sicher ist?

- ob es mit der nur-lesend eingehängten Root-Partition klar kommt?

Insbesondere diese letzte Überlegung dürfte das Aus für die meisten Programme bedeuten.

Also bleibt mir in vielen Fällen nur die traditionelle Konfiguration direkt in den Textdateien mit denen die von mir eingesetzte Software konfiguriert wird, oder eine selbstgeschriebene Software, die ähnliches leistet wie UCI, oder eines der Konfigurationsmanagementsysteme wie *cfengine*, *chef* oder *puppet*, wenn ich diese auch im restlichen Netz einsetze.

Konfiguration mit UCI von OpenWrt

Ein interessanter Ansatz ist das *Unified Configuration Interface* (UCI) des OpenWrt Projekts. Da OpenWrt ab der Version *Kamikaze* mit ALIX-Rechnern funktioniert, kann ich seine Vorzüge in Bezug auf die Konfiguration von Rechnern mit CompactFlash als permanenten Speicher ausprobieren.

UCI kann auch allein verwendet und für andere Distributionen angepasst werden. Etwas Arbeit wird man noch hineinstecken müssen. Auf den Dokumentationsseiten von OpenWrt findet sich ein entsprechender Hinweis.

Die zentrale Konfiguration von OpenWrt liegt in */etc/config/*. In diesem Verzeichnis befindet sich eine Textdatei für jeden zu konfigurierenden Teil des Systems. Die Dateien können mit einem Texteditor, mit dem Kommandozeilenprogramm *uci* oder über verschiedene Programmier-APIs (Shell, Lua, C) bearbeitet werden. Die Webschnittstelle *LuCI* setzt direkt darauf auf.

Die grafische Schnittstelle LuCI von OpenWrt

Ein Vorteil des Web-Administrations-Interface LuCI ist, dass es die Konfiguration des Gerätes für Leute, die die Kommandozeile eher scheuen, akzeptabel machen kann. Diese Oberfläche kann ich mit etwas Lua-Kenntnissen sehr gut für meine Zwecke erweitern.

So habe ich bei einem ALIX-Rechner, der OpenWrt mit *ext2* Dateisystem betreibt, die Systempartition nachträglich nur-lesend eingebunden und mit zwei Scripten auf der Kommandozeile umschaltbar gemacht. Um die gleiche Funktionalität auf der Weboberfläche zur Verfügung zu haben, verwende ich die im Kapitel *Geeignete Linux-Distributionen* unter OpenWrt beschriebene Erweiterung.

Die Iptables-Firewall bei OpenWrt

Wenn ich OpenWrt auf meinem Rechner einsetze, und die Paketfilter-Firewall nutzen will, ist es besser, wenn ich die Zusammenhänge verstehe. Das insbesondere, wenn ich zur Konfiguration *uci* auf der Kommandozeile oder die Weboberfläche LuCI verwenden will.

Zwar ist es möglich, alle Einstellungen aus dem Konfigurationsinterface am Ende in der Datei */etc/firewall.user* zu überschreiben, aber

damit vergebe ich mir die Vorteile, der Strukturierung durch die Weboberfläche.

Modell

Die Iptables-Regeln werden bei OpenWrt nach einem festgelegten Schema
auf verschiedene Ketten verteilt. Die Kenntnis dieses Schemas hilft beim
Verständnis und bei der Analyse der Filterregeln.

Grundsätzlich wird die Firewall in Zonen aufgeteilt, wie zum Beispiel
lan und *wan*. Für jede der Zonen gibt es einen Satz Regelketten, die entsprechend den Firewalleinstellungen miteinander verknüpft sind. Diese
Verknüpfungen sind in dem folgenden Modell für die verschiedenen Fire-
walltabellen (*filter*, *mangle*, *nat* und *raw*) abgebildet.

Die Tabelle *filter* enthält alle Regeln, die das Passieren von Daten
sperren oder zulassen. Das Modell dafür sieht so aus:

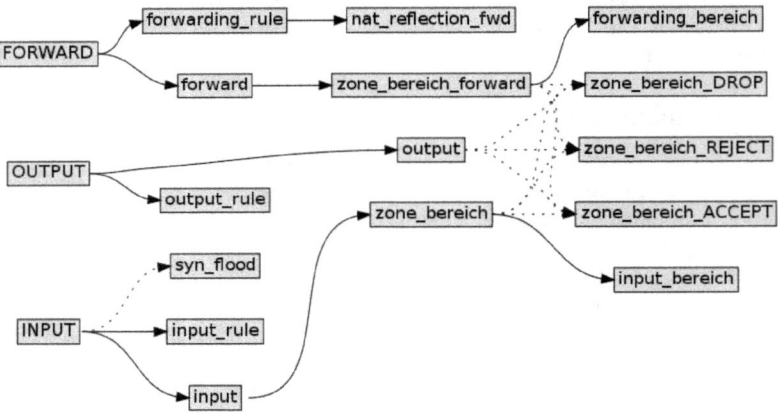

In diesem Bild steht das Teilwort **bereich** in den Namen der Regelketten für eine in UCI definierte Zone. Das heißt, wenn ich in der Firewall
die Zonen *lan* und *wan* definiert habe, gibt es die Regelketten zone_lan,
zone_wan, zone_lan_ACCEPT, zone_wan_ACCEPT, zone_lan_DROP, zone_wan_DROP und so weiter.

Kanten mit durchgehenden Linien im Modell stehen für feste Sprungziele. Kanten mit gestrichelten Linien stehen für Sprungziele, die je nach
den Einstellungen auftreten können oder nicht.

Ein Sprung aus einer Zonen-Regelkette in eine andere, kann, je nach Einstellung zwischen verschiedenen Ketten erfolgen. So gibt es zum Beispiel einen Sprung aus der Regelkette zone_lan_forward in die Kette zone_wan_ACCEPT, wenn Datenverkehr aus der Zone *lan* in die Zone *wan* zugelassen wird.

Der Sprung aus der Kette INPUT zur Kette syn_flood ist abhängig davon, ob in den allgemeinen Einstellungen *Enable SYN-flood protection* markiert wurde oder nicht.

Wichtig zum Verständnis ist, dass aus diesem Modell nicht auf die Reihenfolge der Sprünge zwischen den Ketten geschlossen werden kann. Dazu ist eine detailliertere Visualisierung der Firewall-Regeln notwendig.

Das Modell für die Tabelle *nat* ist einfacher:

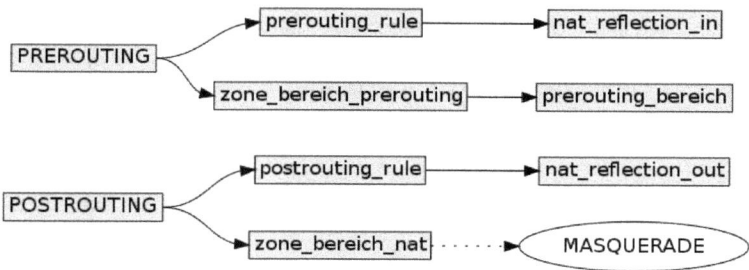

Noch einfacher sind die Modelle für die Tabellen *mangle*

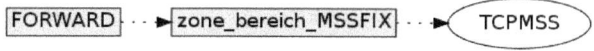

und *raw*:

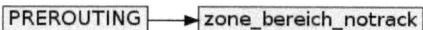

Damit sind die grundlegenden Zusammenhänge zwischen den Regelketten kurz angedeutet, so dass ich mich nun der Konfiguration zuwenden kann.

Allgemeine Einstellungen

Bevor ich zu den eigentlichen Firewalleinstellungen komme, schweife ich kurz zu den Netzwerkeinstellungen ab. Diese finde ich bei LuCI unter **Netzwerk -> Interfaces** und bei UCI in der Datei */etc/config/network* beziehungsweise kann sie mir mit dem Befehl `uci show network` anzeigen lassen. Daten über den aktuellen Zustand des Netzwerks, wie zum Beispiel via DHCP erhaltene Angaben finden sich in */var/state/network*. Im CLI erhalte ich diese durch:

```
# uci -P /var/state show network
```

Bei LuCI kann ich im Reiter *Firewall Settings* jedes einzelnen Interfaces dieses einer bestimmten Firewall-Zone zuordnen. Diese Einstellungen korrespondieren mit den Einstellungen unter **Network -> Firewall** für die betreffende Zone (dort *Covered Networks*).

Bei UCI werden die Netzwerke in der Sektion *firewall.@zone[x].network* als Leerzeichen-separierte Liste angegeben. Diese werden im CLI mit dem Befehl `uci add_list` hinzugefügt:

```
...
# uci add_list firewall.@zone[-1].network=lan1
# uci add_list firewall.@zone[-1].network=lan2
...
```

Dabei werden als Werte nicht die physischen Schnittstellennamen sondern die symbolischen Netzwerknamen (*lan*, *wan*, ...) verwendet.

Allgemeine Firewalleinstellungen

In LuCI finden wir die allgemeinen Einstellungen im oberen Feld der Seite unter **Network -> Firewall**. Dort haben wir die Reiter *General Settings* und *Custom Rules*.

Letzerer erlaubt in der Webschnittstelle die Datei */etc/firewall.user* zu bearbeiten. Bei dieser handelt es sich um ein Shell-Script, dass nach der Konfiguration der Regeln entsprechend den Eingaben in LuCI oder UCI ausgeführt wird. Da das ein Shell-Script ist, müssen Firewall-Regeln dort mit `iptables` eingeleitet werden und der Syntax dieses Programms entsprechen. In UCI finden wir nur einen Verweis auf den Namen des Scripts unter *firewall.@include[0]*.

Kommen wir nun wieder zu den allgemeinen Einstellungen.

General Settings	
Enable SYN-flood protection	☑
Drop invalid packets	☑
Input	accept ▾
Output	accept ▾
Forward	reject ▾

Ein Haken bei *Enable SYN-flood protection* entspricht dem Eintrag *firewall.@defaults[0].syn_flood=1* in UCI und erzeugt die Kette syn_flood in der Tabelle *filter*, die aus INPUT heraus bei TCP-Paketen mit gesetztem FIN-, SYN-, RST- oder SYN-ACK-Flag angesprungen wird. In der Kette syn_flood ist eine Regel, die die Anzahl solcher Pakete pro Zeiteinheit limitiert und ansonsten zurückspringt zur normalen Regelauswertung.

Der Haken bei *Drop invalid packets* in LuCI entspricht dem Eintrag *firewall.@defaults[0].drop_invalid=1* bei UCI und erzeugt am Anfang der Kette *INPUT* der Tabelle *filter* eine Regel, durch die ungültige Daten-pakete gleich verworfen werden.

In LuCI kann ich für die Ketten *INPUT*, *OUTPUT* und *FORWARD* hier die Policy zwischen ACCEPT, DROP und REJECT auswählen.

Die Angaben im Bild von LuCI entsprechen folgenden Eingaben im CLI:

```
# uci set firewall.@defaults[0].syn_flood=1
# uci set firewall.@defaults[0].input=ACCEPT
# uci set firewall.@defaults[0].output=ACCEPT
# uci set firewall.@defaults[0].forward=REJECT
# uci set firewall.@defaults[0].drop_invalid=1
```

Firewallzonen

Im mittleren Bereich unter **Network -> Firewall** bei LuCI finden wir die Einstellungen für die Zonen. Diese entsprechen der Sektion *fire-wall.@zone[x]* bei UCI, wobei x den Index der Zone (beginnend bei 0) angibt. Ein Wert von -1 für x bezieht sich immer auf die letzte (zum Beispiel eben erst angelegte) Zone.

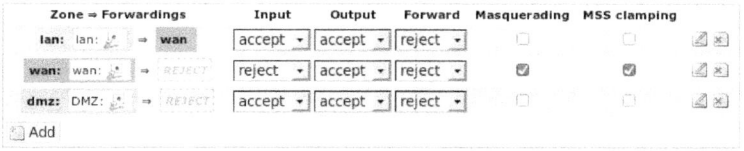

Mit dem Button *Add*, unten links, lege ich eine neue Zone in LuCI an.
Bei UCI würde ich eingeben:

```
# uci add firewall zone
# uci set firewall.@zone[-1].name=lan
# uci set firewall.@zone[-1].network=lan
# uci set firewall.@zone[-1].input=ACCEPT
# uci set firewall.@zone[-1].output=ACCEPT
# uci set firewall.@zone[-1].forward=REJECT
```

Der Name wird für die Benennung einiger Iptables-Regelketten verwendet, sollte also keine Sonderzeichen enthalten.

Für die Zone kann ich eigene Policies für Input, Output und Forward festlegen. Konkret bedeutet das, dass am Ende der Kette zone_lan (Input) ein Sprung zu Kette zone_lan_ACCEPT eingefügt wird (siehe hierzu das Modell für die Tabelle *filter*, weiter oben). Außerdem werden Sprünge von output nach zone_lan_ACCEPT und von zone_lan_forward nach zone_lan_reject eingefügt. Der Grund, warum nicht direkt zu den Standard-Targets *ACCEPT*, *DROP* oder *REJECT* gesprungen wird, liegt darin, dass mit diesen Ketten die Policy auf die Netzwerke, die zur Zone gehören, beschränkt wird.

This section defines common properties of "lan". The *input* and *output* options set the default policies for traffic entering and leaving this zone while the *forward* option describes the policy for forwarded traffic between different networks within the zone. *Covered networks* specifies which available networks are member of this zone.

General Settings	Advanced Settings	
Name	lan	
Input	accept	▾
Output	accept	▾
Forward	reject	▾
Masquerading	☐	
MSS clamping	☐	
Covered networks	☐	DMZ:
	☑	lan:
	☐	wan:

Ein Haken bei *Masquerading* entspricht *firewall.@zone[-1].masq=1* und erzeugt in der Kette zone_$zone_nat der Tabelle 'nat' einen Sprung nach *MASQUERADE*, was effektiv das Masquerading für diese Zone einschaltet.

Ein Haken bei *MSS clamping* entspricht *firewall.@zone[-1].mtu_fix=1* und erzeugt in der Tabelle *mangle* eine Kette zone_$zone_MSSFIX mit einer Regel, die für TCP die Maximum Segment Size beschränkt. Das ist z.B. für PPPoE Interfaces bei DSL-Routern wichtig, damit die PMTU bei TCP-Verbindungen über diese Zone automatisch korrekt eingestellt wird.

Bei *Covered networks* kann ich die Netze auswählen, die zu dieser Zone gehören sollen. Das korrespondiert mit den entsprechenden Firewalleinstellungen unter **Network -> Interfaces** in LuCI. Mit UCI füge ich die Netzwerke wie folgt hinzu:

```
# uci add_list firewall.@zone[-1].network=lan
```

Advanced Settings	
Restrict to address family	IPv4 and IPv6
Restrict Masquerading to given source subnets	
Restrict Masquerading to given destination subnets	
Force connection tracking	
Enable logging on this zone	

Bei den *Advanced Settings* in LuCI kann ich die Zoneneinstellungen auf eine Adressfamilie (IPv4, IPv6) beschränken, oder für alle beide gelten lassen. Die Angabe bei UCI lautet *firewall.@zone[-1]=ipv4* für IPv4 bzw. *ipv6* für IPv6. Sollen die Regeln für beide Familien gelten, dann lasse ich es ganz weg.

Habe ich für die Zone Masquerading eingeschaltet, dann kann ich dieses hier auf ein oder mehrere Quellnetze und/oder Zielnetze beschränken. Die entsprechende Einstellung bekomme ich bei UCI zum Beispiel durch Eingabe von:

```
# uci add_list firewall.@zone[-1].masq_src=1.2.3.4/24
# uci add_list firewall.@zone[-1].masq_src=1.2.3.4/24
# uci add_list firewall.@zone[-1].masq_dest=5.6.7.8/24
```

Die zugehörigen Regeln tauchen in der Kette zone_$zone_nat der Tabelle *nat* auf. Habe ich mehrere Netze angegeben, wird je eine Regel für jede Kombination von Quell- und Zielnetz eingefügt.

Per Default ist bei der OpenWrt-Firewall Connection Tracking abgeschaltet, wenn kein Masquerading aktiviert ist. Dazu werden NOTRACK-Regeln eingefügt, die allen Verkehr der entsprechenden Zone umfassen.

Durch das Abschalten der Verbindungsverfolgung wird der Router entlastet. Allerdings funktioniert dann Masquerading nicht.

Mit *Force connection tracking* kann ich es explizit einschalten, auch wenn kein Masquerading verwendet wird:

```
# uci set firewall.@zone[-1].conntrack=1
```

Mit *Enable logging on this zone* kann ich die Protokollierung dieser Zone einschalten und dann mit *Limit log messages* die Anzahl der Protokollnachrichten pro Zeiteinheit begrenzen. In UCI:

```
# uci set firewall.@zone[-1].log=1
# uci set firewall.@zone[-1].log_limit=20/minute
```

Weiterleitungen

Wenn ich einen NAT-Router betreibe und ankommenden Verkehr auf einen internen Rechner weiterleiten will (zum Beispiel für Fernzugriff, oder für manche Online-Spiele), benötige ich eine Weiterleitung.

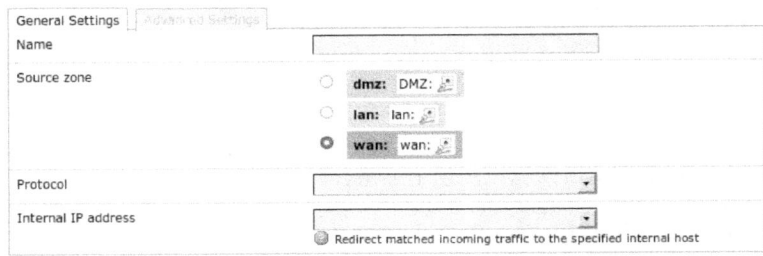

Diese richte ich in LuCI im Feld *Redirections* auf der Seite **Network -> Firewall** ein. Mit dem Button *Add* lege ich eine neue Weiterleitung an. Bei UCI:

```
# uci firewall add redirect
# uci set firewall.@redirect[-1]._name=SSH
# uci set firewall.@redirect[-1].src=wan
# uci set firewall.@redirect[-1].proto=tcp
# uci set firewall.@redirect[-1].src_dport=2222
# uci set firewall.@redirect[-1].dest=lan
# uci set firewall.@redirect[-1].dest_ip=1.2.3.4
# uci set firewall.@redirect[-1].dest_port=22
# uci set firewall.@redirect[-1].target=DNAT
```

Name dient nur der Kommentierung.

Source zone bei LuCI gibt die Zone an, für die die Weiterleitung gilt, (bei UCI: *src*). In den meisten Fällen ist das die Zone *wan*, da auf dieser oft Masqerading eingeschaltet ist.

Als nächstes wähle ich das *Protocol* aus (UCI: *proto*), welches weitergeleitet werden soll. LuCI bietet mir die Voreinstellungen *TCP+UDP*,

TCP, UDP sowie *custom* an. Bei letzterer kann ich ein anderes Protokoll eingeben, wann immer das sinnvoll erscheint. In UCI entsprechen die ersten drei den Werten `tcpudp`, `tcp` und `udp`. Bei diesen Protokollen ändert sich die Seite in LuCI und ich kann den Port am Interface (*External port*) und am Zielrechner (*Internal port*) auswählen (UCI: *src_dport*, *dest_port*). Stimmen beide Ports überein, lasse ich in LuCI bei *Internal port* den Wert `0-65535` stehen beziehungsweise bei UCI die Angabe von *dest_port* weg.

Den internen Rechner gebe ich bei LuCI in *Internal IP address* an (UCI: *dest_ip*).

In den *Advanced Settings* kann ich bei LuCI den *Redirection Type* zwischen `DNAT` und `SNAT` auswählen (UCI: *target*).

Bei *Destination zone* kann ich die Zone angeben, in der der Zielrechner liegt (UCI: *dest*).

Mit diesen beiden Einstellungen und dem Haken bei *Enable NAT Loopback* (UCI: *reflection*, hier bedeutet `0` deaktivieren) lege ich die Anzahl und Bedeutung der Regeln fest, die generiert werden.

Bei DNAT werden 3 Regeln in der Tabelle *nat* angelegt:

- In Kette `zone_$zone_prerouting` ein Redirekt für alle auf den Zielrechner im internen Netz.

- In Kette `nat_reflection_in` ein Redirekt für alle aus der Destination Zone, die auf die Kombination externe Adresse/externer Port zugreifen, auf interne Adresse/interner Port als Zieladresse.

- In Kette `nat_reflection_out` wird für alle Zugriffe auf den Zielrechner/Zielport aus der Destination Zone die Quelladresse auf die Adresse des Routers im Zielnetz geändert.

Die erste Regel ist klar und gilt für alle Adressen, die von aussen kommen.

Die zweite und dritte Regel sind notwendig, damit die Kombination externe Adresse/Port auch für Rechner aus dem gleichen Netz wie der Zielrechner funktioniert. Damit der Router auch die Antwortpakete bekommt, und die Adressen entsprechend verbiegen kann, muss er die Quelladresse auf seine eigene ändern. Diese beiden Regeln werden nur generiert, wenn der Haken bei *Enable NAT Loopback* gesetzt ist (LuCI) beziehungsweise die Option *firewall.@redirect[-1].reflection=0* nicht vorhanden ist (UCI).

Bei SNAT (in den Advanced Settings) wird nur eine Regel in der Kette zone_$zone_nat der Tabelle *nat* für die Zone des Zielnetzes angelegt. Wenn ein passendes Paket den Router verlässt, wird die Absenderadresse geändert.

Intended destination address (UCI: *src_dip*) hat eine Doppelbedeutung, entsprechend der Einstellung bei *Redirection type*: Bei DNAT wird die Regel nur ausgeführt, wenn die Zieladresse zur hier angegebenen passt. Bei SNAT wird die Quelladresse auf die hier angegebene umgesetzt. Das ist sinnvoll, wenn auf dem Masquerading-Interface mehrere IP-Adressen gebunden sind.

Source MAC address, Source IP address, Source port (UCI: *src_mac, src_ip, src_port*) erlauben es die passenden Datenpakete weiter einzuschränken.

Regeln

Im unteren Bereich (*Rules*) der Seite **Network -> Firewall** bei LuCI gebe ich die Firewall-Regeln ein.

Bei UCI:

```
# uci add firewall rule
# uci set firewall.@rule[-1].src=wan
# uci set firewall.@rule[-1].target=ACCEPT
# uci set firewall.@rule[-1].proto=udp
# uci set firewall.@rule[-1].dest_port=68
```

Der *Name* (UCI: *_name*) ist optional und dient nur der Kommentierung.

Source zone (UCI: *src*) bestimmt die Regelkette in der Tabelle *filter* (vergleiche Modell weiter oben), in der die Regeln abgelegt werden.

Protocol; Source address, port; Destination address, port; Action (UCI: *proto, src_ip, src_port, dest_ip, dest_port, target*) bestimmen die Parameter der Regel. Je nach gewähltem Protokoll werden in LuCI einige weitere Eingabefelder zu beziehungsweise abgeschaltet. So sind zum Beispiel Portangaben nur bei TCP und UDP sinnvoll und *icmp_type* nur bei ICMP.

In den *Advanced Settings* bei LuCI kann ich die Regel noch genauer spezifizieren.

Mit *Destination zone* (UCI: *dest*) kann ich festlegen, dass die Regel nur für Datenpakete in eine bestimmte Zone gelten soll. In diesem Fall endet die Regel nicht in einem Sprung zu den Standard-Targets (ACCEPT, DROP, REJECT), sondern geht stattdessen zu zone_$dest_ACCEPT, zone_$dest_DROP beziehungsweise zone_$dest_REJECT, was effektiv bewirkt, dass Datenpakete für andere Zonen nicht von dieser Regel beeinflusst werden.

Mit *Source MAC address* (UCI: *src_mac*) kann ich die Regel auf ein Gerät festlegen, auch wenn dieses via DHCP wechselnde IP-Adressen bekommt.

Schließlich kann ich auch hier mit *Restrict to address family* (UCI: *family*) die Regel auf IPv4 oder IPv6 beschränken.

Damit endet der Exkurs in die Konfiguration der Paketfilterfirewall bei OpenWrt.

Aktualisierung

Die Aktualisierung ist relativ einfach, wenn ich die Root-Partition Read-Write eingehängt habe. Ich aktualisiere mit dem Paketmanager:

```
# remountrw
# apt-get update && apt-get dist-upgrade
# remountro
```

Beziehungsweise bei OpenWrt:

```
# remountrw
# opkg update
# opkg list-upgradable
# opkg upgrade <pkgs>
# remountro
```

Bei selbst kompilierter Software kopiere ich die neue Version unterhalb von */usr/local/stow* und ändere die Links mit *stow* auf die neue Version:

```
$ sudo remountrw
$ ./configure --prefix /usr/local/stow/monotone-1.0
...
$ sudo make install
$ sudo stow -D -d /usr/local/stow monotone-0.99.1
$ sudo stow -d /usr/local/stow monotone-1.0
$ sudo remountro
```

Wenn ich mich von der Funktionsfähigkeit der neuen Version überzeugt habe, lösche ich das Verzeichnis der alten Version.

Ein Problem können Sicherheitsupdates sein. Bei Debian bekomme ich diese automatisch, wenn ich in */etc/apt/sources.list* die entsprechende Zeile stehen gelassen habe. Ich muss allerdings regelmäßig apt-get update aufrufen um die Paketlisten zu aktualisieren. Dafür gibt es Programmpakete, wie *apticron* oder *cron-apt*, die das automatisch und zeitgesteuert von *cron* erledigen. Dazu müssen die Dateien und Verzeichnisse unter */var/cache/apt* beschreibbar sein. Ausserdem muss sendmail (zum Beispiel aus dem Paket *nullmailer*) installiert und konfiguriert sein, weil diese Programme via E-Mail melden, wenn aktualisierte Software zur Verfügung steht.

Alternativ lese ich die Liste der installierten Software aus (inklusive der installierten Versionen) und vergleiche diese auf einem anderen Rechner mit den aktuell verfügbaren Versionen.

Für selbst übersetzte Software muss ich sowieso selbst nachschauen, ob es neuere Versionen bzw. Sicherheitsupdates gibt.

Backup und Restore

Da die Konfiguration der Geräte sich selten ändert, brauchen diese auch
nur relativ selten gesichert werden. Meist brauche ich nur die Konfiguration sichern, solange keine neuen Pakete installiert oder entfernt wurden
und keine Software aktualisiert wurde.

Nach einer Aktualisierung der Software, oder wenn Softwarepakete installiert oder entfernt wurden, will ich gern eine Vollsicherung, um das
Gerät in diesem Zustand schnell wiederherstellen zu können. Dazu bietet sich ein Vorgehen an, das auf allen Geräten funktionieren sollte.
Zunächst ermittele ich, welches Gerät die CompactFlash-Karte ist. Üblicherweise sind das */dev/hda* oder */dev/sda*, je nach Kernel. Dann kann
ich mit *dd* die gesamte CF-Karte auslesen und in eine Datei schreiben:

```
$ ssh root@192.168.1.1 dd if=/dev/sda | dd of=router.img
```

Die Ausgabe leite ich in eine Image-Datei, die unverändert auf eine
mindestens gleichgroße CF-Karte geschrieben werden kann.

Auf Systemen, die zwei gleich große Root-Partitionen haben (z.B. mit
pxe-initrd installiertes Voyage-Linux), kann ich mit einem Script die ak-
tive Partition auf die andere kopieren und im Bedarfsfall von der anderen
Partition starten. Damit kann ich den Rechner nach einem missglückten
Update schneller wieder flott kriegen. Bei einem Ausfall der CF-Karte
hilft es nicht. Dann ist es vorteilhaft, wenn ich die ganze Karte mit *dd*
auf einem anderen Rechner gesichert habe.

OpenWrt

OpenWrt bietet über UCI einfache Möglichkeiten zu Sicherung der Konfiguration. Auf der Kommandozeile kann ich mir die aktuelle Konfiguration mit `uci export` als maschinenlesbaren Text ausgeben lassen. Dieser
Text kann mit SSH abgeholt, in einer Datei weggeschrieben und unter
Versionskontrolle gestellt werden. Importieren kann ich diese Konfiguration auch via SSH mit `uci import`. Allerdings ist dabei nicht das Root-
Kennwort enthalten. Für dieses muss ich die Datei */etc/passwd* zusätzlich sichern.

Problemlösungsstrategien

In diesem Kapitel gehe ich auf einige der Problemlösungsstrategien ein, die mir in vielen Fällen geholfen haben.

Handbuchseiten, Programmdokumentation

Der erste Ansatzpunkt, wo ich nach Hilfe suche, sind normalerweise die Handbuchseiten und anderweitige Programmdokumentation. Mit `dpkg -L` lasse ich mir alle Dateien ausgeben, die zu einer Software gehören. Handbuchseiten finde ich unter */usr/share/man*. Weitere Informationen, finde ich eventuell in den Dateien unterhalb des Verzeichnisses */usr/share/doc/paketname*. Dort insbesondere alle Dateien, deren Name mit *README* beginnt. Manchmal gibt es auch ein Paket *paketname-doc*, das die Dokumentation enthält. Bei selbst übersetzten Programmen kann ich in den Quellarchiven suchen.

In den Handbuchseiten - die ich mit `man seitenname` aufrufe, kann ich mit dem Slash (/) suchen. In den Dokumentationsverzeichnissen suche ich mit `grep -r`.

Leider hilft mir das nicht, wenn ich auf dem Rechner aus Platzmangel fast alle Dokumentation entfernt habe.

Internet / Suchmaschinen

Eine andere einfache und bequeme Strategie, die ich auch oft als erste einsetze, ist die Suche im Internet. Oft hat schon jemand anders das gleiche Problem gehabt und vielleicht - was noch besser ist - auch schon gelöst. Ich gebe mir eine Zeit vor - etwa 10 bis 15 Minuten - um für das Problem eine Lösung im Internet zu finden. Dazu muss ich das Problem aber etwas eingrenzen, um geeignete Suchworte zu haben. Die notwendigen Informationen finde ich meist in den Systemprotokollen.

Aus den Logzeilen suche ich mir Schlüsselworte, die auf das Problem hinweisen und kopiere diese in das Suchformular im Browser. Oft nehme ich die ganze Zeile und entferne nur, was davon bei anderen vermutlich anders ist (Prozess-Ids, Rechnername, IP-Adressen, ...). Die Suchergebnisse schaue ich mir an, ob Sie mein Problem beschreiben oder gar schon eine Lösung haben. Bekomme ich zu viele Ergebnisse, kann ich aus denen, die am nächsten meinem Problem entsprechen, weitere Suchworte ermitteln, um die Ergebnisse weiter einzuschränken. Kann ich damit mein Problem lösen, ist das wunderbar. Ich mache mir eine Notiz in meinem Laborbuch und kann zur Tagesordnung übergehen.

Zum Beispiel fand ich in einem meiner Router die folgenden Zeile:

```
Dec  5 05:17:01 baas authpriv.err CRON[17414]: pam_env(cron:session): Unable
to open env file: /etc/default/locale: No such file or directory
```

Daraus entnahm ich für die Suche im Internet die folgenden Suchworte:

```
authpriv CRON pam_env "Unable to open env file" "No such file or directory"
```

Bei Google fand ich wenig verwertbares, aber DuckDuckGo lieferte mir unter anderem einen Hinweis, wenn auf Debian-Bug #442049. Damit ging ich zur Fehlerdatenbank http://bugs.debian.org/442049. Die Lösung in diesem Fall war recht einfach. Die Datei */etc/default/locale* gehört zu dem Paket *locales*, das auf dem Router nicht installiert ist. *Pam_env* greift auf diese Datei zu, ohne sich vorher zu vergewissern, ob sie da ist. Abhilfe:

```
# touch /etc/default/locale
```

Finde ich keine Hilfe durch Suchmaschinen im Internet, dann versuche ich selbst, das Problem zu lösen oder wenigstens soweit einzugrenzen, dass ich eine gute Frage in einem der Hilfeforen stellen kann. Dabei gehe ich unterschiedlich vor, je nachdem, ob ich das Problem eher lokal auf dem Rechner oder eher netzwerkbezogen vermute.

Strategien für lokale Probleme auf dem Rechner

Habe ich ein Problem mit einem Programm, das gar nicht oder nicht richtig läuft, dann muss ich beobachten, was es überhaupt macht. In den Systemprotokollen habe ich inzwischen ja nachgesehen und vielleicht schon eine Vermutung, woran es liegen könnte.

Vermute ich ein Problem mit einem Shell-Script, dann kann ich dieses mit `sh -x scriptname` starten und bekomme mehr Informationen über den Ablauf, die mir vielleicht weiterhelfen oder mich wenigstens zum nächsten Programm führen, das ich mir anschauen sollte.

Bei Problemen mit Perl-Programmen kann ich diese mit `perl -d scriptname` im Perl-Debugger starten. Das setzt jedoch einige Kenntnisse in dieser Programmiersprache und grundlegende Kenntnisse des Perl-Debuggers voraus.

Treffe ich auf ein Binärprogramm (*ELF executable*), so kann ich mit *strace* auch hier einen Überblick über die Systemaufrufe bekommen. Dazu starte ich das Programm mit dem Befehl `strace -f -o xyz.strace programmname` bzw. mit `strace -f -o xyz.strace -p pid` falls das Programm schon läuft und die Prozess-Id *pid* hat. Anschließend finde ich in der Datei *xyz.strace* die Systemaufrufe des Programms und kann vielleicht schon sehen, woran es liegt. Bei Fehlermeldungen durch das Programm suche ich in der Datei nach genau dieser Meldung und schaue mir an, was kurz vorher passiert ist. Probleme mit Zugriffsrechten lassen sich damit sehr gut eingrenzen. Allerdings benötige ich ein paar Kenntnisse über die Systemaufrufe. Diese finde ich in Sektion 2 der Handbuchseiten.

> **Tip**
>
> Die Handbuchseiten sind traditionell auf Unix- und Linux-System in Sektionen unterteilt. Gängig sind zum Beispiel die Sektionen
> 1 für ausführbare Programme
> 2 für Systemfunktionen
> 3 für Bibliotheksfunktionen
> 5 für Dateiformate
> 8 für Programme zur Systemadministration
> Ansehen kann man diese auf der Kommandozeile mit dem Befehl *man*. Diesem läßt man als Parameter den Namen der gewünschten Seite folgen. Das Programm *man* wählt dann bei gleichnamigen Seiten in verschiedenen Sektionen irgendeine aus. Will ich eine bestimmte Seite haben, gebe ich die Sektion vor dem Namen an:
>
> ```
> $ man 2 open
> ```
>
> Will ich alle Seiten mit dem gleichen Namen, verwende ich die Option `-a`:
>
> ```
> $ man -a open
> ```

Stürzt ein Programm ab, kann ich versuchen einen Coredump zu erzeugen und diesen mit dem Debugger auswerten. Dazu muss ich mit *ulimit* dem System mitteilen, dass es einen Coredump beim Absturz schreiben soll:

```
$ ulimit -c 1000000
```

Hierbei steht die Option `-c 1000000` für die maximale Größe des Coredump. Die genaue Bedeutung des Befehls steht in der Handbuchseite, allerdings in der der verwendeten Shell (man bash und dann nach *ulimit* suchen).

Will ich Informationen zu laufenden Programmen, helfen mir *lsof*, *strace* und *fuser* weiter.

Vermute ich fehlende oder falsche Bibliotheken, hilft mir *ldd*.

Fehlersuche bei Mount-Problem

Folgendes Beispiel für die Eingrenzung eines Problems beim Read-Only-Mount der Root-Partition ist einem realen Fall entnommen und soll die Vorgehensweise verdeutlichen.

Bei dem betreffenden Rechner fiel mir auf der Konsole die folgende Zeile auf:

```
Remounting / as read-only ... mount: / is busy
```

Nach dem Anmelden konnte ich das wie folgt verifizieren:

```
# mount
...
/dev/hda2 on / type ext2 (rw,noatime,errors=continue)
...
# remountro
mount: / is busy
```

Das war nicht das, was ich für den Rechner wollte. Also musste ich herausfinden, welche Prozesse das nur-lesende Einhängen verhindert hatten. Meist sind das Prozesse, die noch eine Datei zum Schreiben geöffnet haben. Um das herauszufinden verwende ich das Programm *fuser*:

```
# fuser -vm /
                        USER        PID ACCESS COMMAND
/:                      root      kernel mount /
...
                        root       1467 Frce. dhclient
...
```

In diesem Fall war es nur ein Prozess und er hatte die Datei noch immer offen. Das konnte ich verifizieren, indem ich den Prozess beendete und anschließend mit *remountro* die Root-Partition nur-lesend einhängen konnte.

Der nächste Schritt war, herauszufinden, welche Datei dieser Prozess geöffnet hatte, um diese Datei gegebenenfalls woanders hin zu verschieben. Dabei half mir das Programm *lsof* (Anmerkung: ich hatte den Rechner neu gestartet um die gleichen Ausgangsbedingungen wiederherzustellen und der *dhclient* Prozess hatte dieses mal die PID 1431):

```
# lsof -p 1431
COMMAND   PID USER    FD   TYPE DEVICE SIZE/OFF  NODE NAME
dhclient 1431 root    cwd   DIR   3,2     4096     2 /
dhclient 1431 root    rtd   DIR   3,2     4096     2 /
dhclient 1431 root    txt   REG   3,2   440660 26949 /sbin/dhclient
dhclient 1431 root    mem   REG   3,2    42572 25691 /lib/libnss_files-2.11.2.so
dhclient 1431 root    mem   REG   3,2  1319176 25666 /lib/libc-2.11.2.so
dhclient 1431 root    mem   REG   3,2   113964 25656 /lib/ld-2.11.2.so
dhclient 1431 root    0u    CHR   1,3      0t0    11 /dev/null
dhclient 1431 root    1u    CHR   1,3      0t0    11 /dev/null
dhclient 1431 root    2u    CHR   1,3      0t0    11 /dev/null
dhclient 1431 root    3w    REG   3,2     1587  5385 /var/lib/dhcp/dhclient.eth0.leases
dhclient 1431 root    4u   pack  3803      0t0   ALL type=SOCK_PACKET
dhclient 1431 root    5u   IPv4  3807      0t0   UDP *:bootpc
```

Der Prozess hielt */var/lib/dhcp/dhclient.eth0.leases* zum Schreiben offen. Also musste diese Datei woanders hin.

Meine erste Idee war, */var/lib/dhcp* in der Datei */etc/default/voyage-util* bei der Variable *VOYAGE_SYNC_DIRS* einzutragen (es handelte sich um einen Rechner mit Voyage Linux). Leider half das allein noch nicht:

```
# mount
...
/dev/hda2 on / type ext2 (rw,noatime,errors=continue)
...
tmpfs on /var/lib/dhcp type tmpfs (rw,nosuid,relatime,mode=755)
# fuser -vm /
...
                    root       1440 Frce. dhclient
...
# lsof -p 1440
COMMAND   PID USER    FD   TYPE DEVICE SIZE/OFF  NODE NAME
dhclient 1440 root    cwd   DIR   3,2     4096     2 /
...
dhclient 1440 root    3w    REG   3,2     1008  5385 /var/lib/dhcp/dhclient.eth0.leases
```

Da war immer noch die Datei *dhclient.eth0.leases* auf der Root-Partition geöffnet, obwohl ihr Pfad auf ein anderes Dateisystem verwies. In diesem Fall stellte es sich heraus, dass durch eine Race-Condition die Datei geöffnet wurde, bevor das **tmpfs** an */var/lib/dhcp* eingehängt wurde. Endgültige Abhilfe brachte, das Netzwerk erst zu initialisieren, nachdem *voyage-sync* ausgeführt wurde.

Später fand ich heraus, dass bei Voyage Linux */var/lib/dhcp* eigentlich ein Link auf */lib/init/rw/var/lib/dhcp* ist, und unter */lib/init/rw* schon sehr viel früher ein **tmpfs** eingehängt wird. Warum das bei diesem Rechner anders war, ist mir bis heute nicht klar.

Strategien für Netzwerkprobleme

Ein sehr gutes Buch zur Fehlersuche im Netzwerk ist **Network Troubleshooting Tools** von *Joseph D. Sloan*.

Ich teile Probleme im Netzwerk für mich willkürlich ein in komplett gestörte Verbindungen, teilweise gestörte Verbindungen und Aussetzer / Performance-Probleme. In dieser Reihenfolge prüfe ich die Störung auch.

Zunächst ermittle ich, ob zwischen den betroffenen Systemen überhaupt eine Verbindung möglich ist. Mit *ping* kann ich hier die erste Entscheidung treffen.

Bekomme ich keine Antwort, schaue ich auf beiden Systemen, ob die Adressen korrekt gesetzt sind, und ob es Routen zum jeweils anderen Netz gibt, falls die Geräte nicht im gleichen Netzsegment angeschlossen sind. Hier helfen mir *netstat*, *ifconfig*, *ip*, *route* und *arp*:

```
$ /sbin/ifconfig
...
eth0      Link encap:Ethernet  HWaddr 00:0d:b9:21:71:5c
          inet addr:192.168.1.254  Bcast:192.168.1.255  Mask:255.255.255.0
          inet6 addr: fe80::20d:b9ff:fe21:715c/64 Scope:Link
          UP BROADCAST RUNNING MULTICAST MTU:1500  Metric:1
          RX packets:1755606 errors:0 dropped:75 overruns:0 frame:0
          TX packets:2584367 errors:0 dropped:0 overruns:0 carrier:0
          collisions:0 txqueuelen:1000
          RX bytes:212300464 (202.4 MiB) TX bytes:2982580187 (2.7 GiB)
          Interrupt:10 Base address:0xc000
...
$ ip addr show
...
2: eth0: <BROADCAST,MULTICAST,UP,LOWER_UP> mtu 1500 qdisc pfifo_fast state ...
    link/ether 00:0d:b9:21:71:5c brd ff:ff:ff:ff:ff:ff
    inet 192.168.1.254/24 brd 192.168.1.255 scope global eth0
    inet6 fe80::20d:b9ff:fe21:715c/64 scope link
        valid_lft forever preferred_lft forever
...
```

Die Ausgabe von *ip* ist kürzer, enthält aber die für die Diagnose wichtigen Angaben, so dass ich dieses Programm bevorzuge. Hier sehe ich die IP-Adresse, Netzmaske und Ethernet-MAC-Adresse. Mit dem Programm *arp* kann ich nach dem PING-Versuch nachsehen, ob die Adresse des betroffenen Rechners im ARP-Cache gelandet ist:

```
$ ping 192.168.1.254
$ /usr/sbin/arp -n 192.168.1.254
Address         HWtype  HWaddress           Flags Mask Iface
192.168.1.254   ether   00:0d:b9:21:71:5c   C          eth0
```

Wenn PING nicht funktioniert, aber die MAC-Adresse im ARP-Cache auftaucht, deutet das auf eine Host-Firewall, die ICMP-Nachrichten unterdrückt.

Geht die Verbindung über verschiedene Netze, schaue ich mit *ping* auch nach, ob ich das Gateway zum jeweils anderen Netz erreichen kann. Das Gateway selbst ermittle ich mit netstat -r (oder route, das dieselbe Ausgabe bringt) beziehungsweise mit ip route show:

```
$ netstat -rn
Kernel-IP-Routentabelle
Ziel            Router          Genmask         Flags  MSS Fenster irtt Iface
192.168.1.0     0.0.0.0         255.255.255.0   U       0 0          0 eth0
0.0.0.0         192.168.1.254   0.0.0.0         UG      0 0          0 eth0
$ ip route show
192.168.1.0/24 dev eth0  proto kernel  scope link  src 192.168.1.5
default via 192.168.1.254 dev eth0
```

Geht die Verbindung über mehrere Netze, kann ich mit *traceroute* versuchen, den Weg der Daten durch die Netze herauszufinden. Dabei muss ich im Hinterkopf behalten, dass *traceroute* zum Beispiel durch Paketfilter, die ICMP-Nachrichten sperren oder durch NAT (Network Address Translation, Adressumsetzung) gestört werden kann. Wenn man das nicht vergisst, kann *traceroute* zumindest manchmal helfen, die Störungsstelle einzugrenzen.

Sind die Adressen und Routen korrekt gesetzt und gegebenenfalls die Gateways erreichbar, hole ich die große Kanone raus und schneide auf beiden Rechnern mit, ob Datenpakete gesendet und empfangen werden. Dazu verwende ich *tcpdump* und/oder *wireshark*.

Sehe ich auf einem Rechner mehr Datenpakete als auf dem anderen, kann ich von einer Art Firewall auf dem Weg zwischen den beiden Rechnern ausgehen oder von Paketverlusten durch falsches Routing im Netz. Dann kann ich die beiden Rechner erstmal in Ruhe lassen und muss mich mit dem Netzwerk beschäftigen.

Sehe ich auf beiden Rechnern gleich viele Datenpakete, aber ein Rechner sendet nicht, kann ich von einem Paketfilter auf dieser Maschine

84

ausgehen. Diesen kann ich mit *iptables* ansehen und korrigieren.

Habe ich mit PING eine Verbindung zwischen den beiden Rechnern, muss das noch nicht bedeuten, dass ich auch den Dienst erreiche, den ich auf dem betroffenen Rechner ansprechen will.

Aus Sicherheitsgründen sind viele Dienste nach der Installation zunächst an die Loopback-Schnittstelle gebunden (Adresse *127.0.0.1*) und nicht über Netz erreichbar. Das kann ich mit `netstat -ntl` für TCP-Dienste und `netstat -aun` für UDP-Dienste überprüfen. Hier sollte in der Spalte *Local Address* die externe IP-Adresse des Rechners oder 0.0.0.0, gefolgt von einem Doppelpunkt und der Portnummer stehen. Ist das nicht so, muss ich in der Konfiguration des Dienstes nachschauen. Ist der Dienst an die Schnittstelle gebunden und antwortet trotzdem nicht, so prüfe ich als nächstes mit *iptables*, ob Paketfilterregeln die Kommunikation unterbinden. Ist der Dienst nicht durch Paketfilterregeln gesperrt, so kann ich noch in den Dateien */etc/hosts.allow* und */etc/hosts.deny* nachsehen.

Schließlich kann ich mit *tcpdump* die Netzwerkschnittstelle überwachen und schauen, wie der Rechner auf Verbindungsversuche reagiert. Mit *strace* kann ich herausfinden, ob die Datagramme im Netzwerk überhaupt beim Server-Prozess ankommen. Sehe ich die Datagramme nicht beim Server-Prozess ankommen, ist vermutlich ein anderer Prozess an den Port gebunden. Das kann ich auch mit `netstat -ntlp` oder `netstat -aunp` überprüfen (Rootrechte erforderlich).

Habe ich zwar grundsätzlich eine Verbindung zum gewünschten Dienst, aber Performance-Probleme oder Aussetzer, so muss ich die gesamte Verbindung mitschneiden und werte diesen Mitschnitt anschließend mit *wireshark* aus.

Vermute ich Netzwerkprobleme, kann ich mit `ping -f` oder dem Programm *iperf* einen Lasttest zwischen den beiden Rechnern machen.

Habe ich alle anderen Probleme soweit ausgeschlossen, sehe mit *tcpdump* oder `netstat -ant` (bei TCP-Verbindungen), dass die Rechner auf Netzwerkebene eine Verbindung haben und bekomme trotzdem noch Fehlermeldungen, dann muss ich die Anwendung auf Protokollebene untersuchen. Hierzu kann ich die Systemprotokolle heranziehen, oder bei Klartextprotokollen einen Mitschnitt mit Wireshark ansehen (Option *Follow TCP Stream*). Ich kann bei Klartextprotokollen mit *netcat* oder *telnet* eine Sitzung von Hand starten und bei SSL-verschlüsselten Protokollen mit *openssl*:

```
$ openssl s_client -connect webserver:443
```

Wie ich bei der Analyse von Problemen mit TFTP vorgehe ist im Abschnitt zu diesem Protokoll im Kapitel *Protokolle und Mechanismen* beschrieben.

Protokolle und Mechanismen

In diesem Kapitel gehe ich auf einige der im Buch verwendeten Mechanismen und Protokolle ein, für die zumindest ein grundlegendes Verständnis erforderlich ist.

Bootloader

Ein Bootloader ist das erste Programm, das durch die Firmware eines Rechners (das BIOS bei IBM-kompatiblen PCs) geladen und ausgeführt wird. Der Bootloader lädt dann weitere Teile des Betriebssystems, gewöhnlich den Kernel.

Traditionell besteht der Bootloader aus mindestens zwei Teilen: einem winzigen ersten Teil (Stage 1), der im Master Boot Record (MBR) der Festplatte untergebracht ist und den zweiten Teil (Stage 2) lädt. Dieser zweite Teil zeigt oft ein Menü zur Auswahl des Kernels und Eingabe zusätzlicher Parameter für den Kernel und lädt schließlich den ausgewählten Kernel.

Für Linux auf X86-Systemen sind vor allem drei Bootloader im häufigen Gebrauch: *LILO*, *GRUB* und *SYSLINUX*. Jeder hat seine spezifischen Vor- und Nachteile und ist für bestimmte Einsatzfälle besser oder schlechter geeignet. Nachfolgend gehe ich kurz auf diese drei Bootloader ein.

LILO

Linux Loader, kurz *LILO* ist ein schon lange bewährter Bootloader für Linux. LILO wird üblicherweise in der Datei */etc/lilo.conf* konfiguriert. Details dazu finden sich in der Handbuchseite. Neben Linux kann LILO auch andere Betriebssysteme via *Chain-Loading* starten.

Nach Änderungen in der Konfiguration oder nach dem Einspielen eines neuen Kernels muss das Programm **/sbin/lilo** aufgerufen werden. Das ist notwendig, weil der Bootloader *LILO* nicht in der Lage ist, mit Dateisystemen umzugehen. Das Programm */sbin/lilo* ermittelt für den Bootloader die zu ladenden Festplattenblöcke. Vergesse ich dass, kann *LILO* den gewünschten Kernel nicht starten, wodurch das System unbenutzbar wird.

Dieser Nachteil von *LILO* ist gleichzeitig ein Vorteil, da *LILO* dadurch nicht auf bekannte Dateisysteme beschränkt ist und den Kernel auch von unbekannten Dateisystemen laden kann, sofern diese unkomprimiert und unverschlüsselt sind.

GRUB

Der *Grand Unified Bootloader*, kurz *GRUB* wurde ursprünglich innerhalb des GNU Hurd Projektes entwickelt. Da *GRUB* flexibler ist und mit Dateisystemen umgehen kann - wodurch nicht nach jeder Kerneländerung ein Programm zur Ermittlung der Festplattenblöcke laufen muss - hat es in vielen Systemen den traditionellen Bootloader *LILO* verdrängt.

Zurzeit wird *GRUB* komplett überarbeitet. Die neue Version heißt *GRUB 2*, die alte Version *GRUB Legacy*.

Beim alten *GRUB* wurde zwischen Stage 1 und Stage 2 ein Stage 1.5 eingeführt, der genau einen Dateisystemtyp lesen kann. Dieser Stage 1.5 liegt auf den Dateiblöcken zwischen *MBR* und der ersten Partition. Dort wird genau die Variante installiert, die das Dateisystem lesen kann, auf dem Stage 2 liegt.

Beim neuen *GRUB* wurde Stage 2 in einen Kernel und ladbare Module aufgeteilt. Der Kernel enthält nur essentiellen Code für Dekompression, ELF-Lader für Module, Festplattenzugriff und eine Shell. Bei der Installation werden die Module für das Dateisystem mit den restlichen Komponenten an den Kernel angehängt. Durch die Kompression passt das meist noch in den Bootbereich zwischen dem MBR und der ersten Partition.

SYSLINUX

Das *SYSLINUX* Projekt erstellt eine Serie schlanker Bootloader für das Booten des Linux-Kernels, insbesondere

SYSLINUX: zum Starten von FAT-Dateisystemen (Disketten, USB-Sticks)

ISOLINUX: zum Starten von ISO9660-Dateisystemen (CD-ROMS)

PXELINUX: zum Starten von einem Netzwerk-Server mit dem Preboot Execution Environment (PXE)

EXTLINUX: zum Starten von *ext2-* oder *ext3*-Dateisystemen

MEMDISK zum Starten älterer Betriebssysteme wie *MS-DOS* von diesen Medien

Damit empfiehlt sich *SYSLINUX* beim Starten in eben diesen besonderen Situationen. Auf PXELINUX gehe ich im nächsten Abschnitt etwas näher ein.

PXE-Boot

Mit PXE, dem Preboot Execution Environment, kann ich einem Rechner das Starten mit Software aus dem Netzwerk ermöglichen. Der PXE-Code befindet sich meist auf der Netzwerkschnittstelle des Rechners, kann aber auch von einer Diskette, einem USB-Gerät oder einer CD-ROM geladen werden. Mit diesem Code kommuniziert der Rechner zunächst mit einem DHCP-Server um Informationen über das Netz und den nächsten Server zu erhalten und dann mit einem TFTP-Server, um das Betriebssystem zu laden.

Zunächst sucht der Rechner mit dem PXE-Code via DHCP einen PXE-kompatiblen Redirection Service um einerseits eine gültige Netzwerkkonfiguration und andererseits Informationen zu verfügbaren PXE-Bootservern zu bekommen. Hat er diese Informationen, kontaktiert er im nächsten Schritt via TFTP den Bootserver um das NBP (Network Bootstrap Program) zu laden. Das NBP übernimmt anschließend die Kontrolle und steuert den weiteren Ablauf.

Als NBP geeignete Software für meine Zwecke kann ich *PXELINUX* verwenden.

Die DHCP-Konfiguration kann mit dem DHCP-Server von ISC für PXE-Boot mit *PXELINUX* in etwa so aussehen:

```
allow booting;
allow bootp;

group {
    next-server <TFTP server address>;
    filename "/pxelinux.0";

    host <hostname> { hardware ethernet <ethernet address>; }
}
```

Das ist nur der Teil der Konfiguration, der für PXE-Boot zuständig ist. Ich gruppiere alle Rechner, die den gleichen Bootloader verwenden, und verwende die MAC-Adresse zur Identifizierung. Hier ist es möglich, im *host* Bereich zusätzlich feste Adressen mit `fixed-address <hostname>;` zu vergeben.

88

PXELINUX

PXELINUX ist als Bestandteil des *SYSLINUX* Projektes von diesem abgeleitet. *SYSLINUX* ist in den meisten Linux-Distributionen enthalten. Die Dokumentation findet sich in den Dateien *syslinux.txt* und *pxelinux.txt*, meist zu finden im Verzeichnis */usr/share/doc/syslinux/*.

Um *PXELINUX* zu verwenden, kopiere ich die Datei *pxelinux.0* auf den TFTP-Server und lege ein Verzeichnis namens *pxelinux.cfg/* an. Die Namen der Konfigurationsdateien hängen von der MAC- und IP-Adresse des startenden Rechners ab. *PXELINUX* sucht nach seiner Konfiguration auf die folgende Weise:

- Zunächst sucht es nach der Konfigurationsdatei mit der Client UUID, falls eine solche vom PXE-Stack bereitgestellt wird. Das Standard UUID-Format verwendet Hexadezimalzahlen mit Kleinbuchstaben, zum Beispiel b8945908-d6a6-41a9-611d-74a6ab80b83d.

- Als nächstes sucht es nach der Konfigurationsdatei entsprechend dem Hardwaretyp und der Hardwareadresse (MAC), alles in Hexadezimalzahlen mit Kleinbuchstaben, die durch Bindestriche getrennt werden. Bei einer Ethernet-Karte mit der MAC-Adresse 00:0D:B9:22:7D:24 würde es nach der Konfigurationsdatei mit dem Namen 01-00-0d-b9-22-7d-24 suchen.

- Als nächstes sucht es nach einer Konfigurationsdatei deren Name die IPv4-Adresse in Hexadezimal mit Großbuchstaben ist (zum Beispiel liefert 192.168.1.5 C0A80105). Es gibt ein Programm namens *gethostip* als Bestandteil von *SYSLINUX*, dass diese hexadezimale Adresse für beliebige Hosts ausrechnet.

- Wenn die Datei mit der IPv4-Adresse in Hexadezimal nicht gefunden wird, entfernt es hinten eine (Hex-)Ziffer und versucht es erneut, bis es eine Datei findet oder keine Hex-Ziffer übrig bleibt.

- Als letztes sucht es nach einer Datei namens *default* (in Kleinbuchstaben).

Seit Version 3.20 startet *PXELINUX* den Rechner nach einem Timeout neu, wenn keine Konfigurationsdatei gefunden wurde. Damit bleibt der Rechner aktiv, auch wenn es Probleme mit dem Bootserver gibt.

PXELINUX benötigt einen TFTP-Server, der die *tsize*-Erweiterung unterstützt. Das kann zum Beispiel der TFTP-Server *tftp-hpa*.

Die Direktiven der Konfigurationsdatei sind in *syslinux.txt* beschrieben. Die wichtigsten für *PXELINUX* sind:

LOCALBOOT 0: Das bedeutet bei *PXELINUX*, dass von der lokalen Platte gestartet werden soll, anstelle eines Kernels aus dem Netz. Die 0 bedeutet normaler Systemstart.

Das steht bei mir immer in der Konfigurationsdatei *default*, um unbeabsichtigtes Installieren zu vermeiden.

SERIAL port [[baudrate] flowcontrol]: Öffnet eine serielle Schnittstelle, die als Konsole arbeitet. Für die *ALIX* Rechner sieht dieser Parameter so aus:

```
SERIAL 0 38400 0
```

DEFAULT kernel options: Legt die Standard-Kommandozeile fest. Diese wird verwendet, wenn *PXELINUX* automatisch startet. Es ist möglich hier ein *label* anzugeben.

LABEL label: Dieser Eintrag wird meist gefolgt von einem KERNEL Eintrag, der den Kernel spezifiziert und einem APPEND Eintrag, der die Kommandozeile für den Kernel angibt.

Für die Installation von *Linux* via PXE-Boot auf *ALIX* Rechnern verwende ich zum Beispiel den folgenden Eintrag:

```
serial 0 38400
console 0
label linux
  KERNEL vmlinuz
  APPEND initrd=initrd console=ttyS0,38400n1 root=/dev/hda1
```

Dabei liegen die Dateien *vmlinuz* und *initrd* ebenfalls auf dem TFTP-Server.

udev - Dynamische Geräteverwaltung

udev ist ein Programm, mit dem der Linux-Kernel Gerätedateien dynamisch unter */dev/* bereitstellt.

Ursprünglich enthielt das Verzeichnis */dev/* Gerätedateien für alle möglichen Geräte, die eventuell an einem Linux-Rechner angeschlossen sein konnten. Dementsprechend war das Verzeichnis sehr voll und unübersichtlich und man wusste, bevor man es ausprobiert hatte, nicht, ob über eine Gerätedatei auch das erwartete Gerät ansprechbar war. Später erzeugte *devfs* unter dem Verzeichnis */dev/* nur Gerätedateien für Geräte, die auch angeschlossen waren. *udev* ist die aktuell verwendete Art und Weise, die angeschlossenen Geräte zu verwalten.

udev verlässt sich dabei auf Informationen, die der Kernel über *sysfs* zur Verfügung stellt und Regeln, die vom Benutzer oder der Linux-Distribution vorgegeben werden. Damit ist es möglich:

- Gerätedateien umzubenennen.

- Alternative/persistente Namen für ein Gerät über symbolische Links zu vergeben.

- Den Namen eines Gerätes durch die Ausgabe eines Programms bestimmen zu lassen.

- Die Berechtigung und Eigentümerschaft von Geräten zu ändern.

- Ein Programm zu starten, wenn ein Gerät angesteckt wird.

- Netzwerkschnittstellen umzubenennen.

udev-Regeln

Regeln für *udev* werden aus Dateien mit Suffix *.rules* in den Verzeichnissen */lib/udev/rules.d/*, */etc/udev/rules.d/* und */dev/.udev/rules.d/* (für temporäre Regeln) gelesen. Alle Regeldateien werden sortiert und in lexikalischer Reihenfolge abgearbeitet, unabhängig davon, in welchem Verzeichnis sie sich befinden. Die Dateinamen müssen eindeutig sein, doppelte Namen werden ignoriert. Dateien in */etc/udev/rules.d/* haben Vorrang vor denen in */lib/udev/rules.d/*. Dadurch können, wenn nötig, Regeldateien aus */lib/udev/rules.d/* deaktiviert werden.

In den Regeldateien werden Leerzeilen, und Zeilen, die mit # beginnen, ignoriert. Alle anderen Zeilen werden als Regel aufgefasst.

Jede Regel muss auf einer eigenen Zeile stehen und aus einem oder mehreren Schlüssel-Wert-Paaren bestehen, die durch Komma (,) voneinander getrennt sind. Folgezeilen sind nicht erlaubt.

Es gibt zwei Arten von Schlüsseln, Abgleichschlüssel (match keys) und Zuweisungsschlüssel (assignment keys). Wenn alle Abgleichschlüssel mit ihrem Wert passen, bekommen die Zuweisungsschlüssel den entsprechenden Wert zugewiesen. Die Art und Weise des Abgleiches und der Zuweisung hängt vom Operator ab. Um eigene Regeln zu schreiben muss ich die Handbuchseite von *udev* konsultieren, da einige Schlüssel sowohl für den Abgleich als auch für eine Zuweisung verwendet werden können (zum Beispiel *ATTR{key}* oder *ENV{key}*).

Für den Abgleich von Schlüsseln kann ich auch Jokerzeichen (wild cards) verwenden. Diese haben die folgende Bedeutung:

*: Gleicht keines, eines oder mehrere beliebige Zeichen ab.

?: Gleicht genau ein beliebiges Zeichen ab.

[]: Gleicht genau eines der in den eckigen Klammern angegebenen Zeichen oder Zeichenbereiche ab (zum Beispiel steht [0-9] für eine beliebige Ziffer). Ist das erste Zeichen ein Ausrufezeichen (!), so treffen alle Zeichen, die nicht in den eckigen Klammern stehen, zu.

Einige der Zuweisungsschlüssel erlauben Ersetzungen von Zeichen in den Regeln. Die komplette Liste steht auch hier wieder in den Handbuchseiten. Einige wichtige sind:

$kernel, %k: Der Kernelname für das Gerät.

$number, %n: Die Kernelnummer des Gerätes, zum Beispiel eine Partitionsnummer bei Festplatten.

$result, %c: Die Ausgabe eines externen Programms.

$$: Das Dollarzeichen selbst.

%%: Das Prozentzeichen selbst.

Informationen aus *sysfs*

Wenn ich *udev*-Regeln schreiben will, versuche ich das Gerät so genau wie möglich zu beschreiben. Welchen Wert die verschiedenen Schlüssel eines angeschlossenen Programms haben, bekomme ich mit dem Programm *udevadm* heraus, wenn ich diesem den Befehl info mitgebe:

```
# udevadm info --query all --name /dev/ttyUSB0 --attribute-walk
```

Mit diesem Befehl bekomme ich alle Informationen, um das Gerät, welches momentan hinter */dev/ttyUSB0* steckt, in *udev*-Regeln zu identifizieren.

Die entsprechenden Informationen für eine Netzwerkkarte bekomme ich mit folgendem Befehl heraus:

```
# udevadm info --query all --path /sys/class/net/eth0 --attribute-walk
```

Entwicklung von Regeln mit udevadm

Das Programm *udevadm* hilft mir nicht nur mit Informationen über die angeschlossenen Geräte. Ich kann damit auch *udev* auf Ereignisse, wie das Anstecken oder Entfernen eines USB-Gerätes, überwachen, die geschriebenen Regeln testen und den Status des laufenden *udev*-Prozesses beeinflussen. Weitere Informationen finde ich in der Handbuchseite.

DHCP

Das *Dynamic Host Configuration Protocol* (DHCP) wird für die Zuweisung der Netzwerk-Konfiguration an Client-Rechner durch einen Server verwendet. Das Protokoll ist in RFC2131 definiert und verwendet die UDP-Ports 67 (für den Server oder Relay-Agent) und 68 (für den Client).

DHCP ist eine Erweiterung des *Bootstrap Protocol* (BOOTP). Es ist weitgehend kompatibel mit diesem und kann eingeschränkt mit BOOTP-Clients und -Servern zusammenarbeiten.

Je nach Zustand des Client-Rechners bzw. Gültigkeit seiner Netzwerkinformationen senden DHCP-Client und -Server verschiedene Nachrichten.

DHCPDISCOVER: sendet ein Client als Broadcast-Anfrage an den oder die DHCP-Server im lokalen Netz.

DHCPOFFER: ist die Antwort des/der Server auf eine *DHCPDISCOVER*-Anfrage des Clients.

DHCPREQUEST: sendet der Client, um eine der angebotenen Adressen, weitere Daten und Informationen sowie gegebenenfalls eine Verlängerung der Lease-Zeit vom Server anzufordern.

DHCPACK: ist die Bestätigung der Adressanforderung durch den Server.

DHCPNAK: sendet der Server, falls er den *DHCPREQUEST* ablehnt.

DHCPDECLINE: sendet der Client, wenn eine angebotene Adresse bereits verwendet wird.

DHCPRELEASE: sendet der Client, um Ressourcen freizugeben.

DHCPINFORM: sendet der Client für die Anfrage nach Daten ohne IP-Adresse, zum Beispiel weil er eine IP-Adresse statisch zugewiesen bekommen hat.

Der Server kann in drei verschiedenen Betriebsmodi laufen, die Einfluss haben auf die Gültigkeitsdauer einer Adresszuweisung.

Bei der **manuellen Zuordnung (statisches DHCP)** werden IP-Adressen beim Server bestimmten MAC-Adressen vorher fest zugeordnet.

Bei der **automatischen Zuordnung** wird am Server ein Adressbereich (IP-Range) definiert, aus dem der Server den Clients Adressen auf unbestimmte Zeit zuordnet. Ist dieser Bereich komplett vergeben, können weitere Clients keine Adressen von diesem Server mehr bekommen.

Die **dynamische Zuordnung** gleicht der automatischen Zuordnung bis auf den Unterschied, dass Clients eine IP-Adresse nur für eine bestimmte, voreingestellte Zeit bekommen und sich gegebenenfalls rechtzeitig um eine Verlängerung kümmern müssen. Diese Zeit heißt Lease-Time.

Ablauf der Kommunikation

Die **initiale Zuweisung** läuft wie folgt ab:

1. Der Client sendet einen UDP-Broadcast mit einer *DHCPRE-QUEST* Nachricht von Adresse 0.0.0.0:68 an die Broadcast-Adresse 255.255.255.255:67.

2. Ein oder mehrere DHCP-Server senden *DHCPOFFER* Nachrichten als UDP-Broadcast an 255.255.255.255:68 mit Quell-Port 67.

3. Der Client wählt eines der Angebote aus und sendet eine *DHCPREQUEST* Nachricht an den ausgewählten Server. Dieser wird durch seine Server-Id in der Nachricht identifiziert. Die anderen Server werten das als Absage für ihre Angebote und können ihre Adressen anderweitig anbieten.

4. Der ausgewählte Server bestätigt sein Angebot mit weiteren relevanten Daten (*DHCPACK*), oder zieht sein Angebot zurück (*DHCPNAK*).

5. Bevor der Client die erhaltene Adresse verwendet, prüft er, ob die Adresse bereits verwendet wird, und weist sie gegebenenfalls mit *DHCPDECLINE* zurück.

Der **Refresh bei dynamischer Zuordnung** sieht wie folgt aus:

1. Bei der Vergabe der Zeit bekommt der Client die Lease-Zeit mitgeteilt.

2. Nachdem die Hälfte der Lease-Zeit abgelaufen ist, sendet der Client eine *DHCPREQUEST* Nachricht per Unicast an den DHCP-Server um die Lease-Zeit zu verlängern.

3. Schickt der Server ein *DHCPACK* mit einer neuen Lease-Zeit, ist der Refresh beendet und der Client kann die Adresse weiterverwenden. Nach der Hälfte der neuen Lease-Zeit startet der Client den nächsten Refresh.

4. Schickt der Server ein *DHCPNAK*, muss der Client seine Netzwerkkarte dekonfigurieren und eine neue initiale Zuweisung beginnen.

5. Bekommt der Client keine Antwort vom Server, sendet er nach 7/8 der Lease-Zeit einen *DHCPREQUEST* per Broadcast, um von irgendeinem Server eine Verlängerung zu erhalten.

6. Hat der Client die Lease bis zu ihrem Ablauf nicht verlängert, muss er seine Netzwerkkarte dekonfigurieren und wieder mit der initialen Zuweisung beginnen.

DHCP für mehrere Subnetze

Entfernte Netze können über *DHCP-Relay*-Agenten angebunden werden. Der Relay-Agent empfängt die Broadcast-Pakete des Clients und leitet sie an den oder die DHCP-Server weiter. Die IP-Adresse der Schnittstelle, mit der der Relay-Agent den Broadcast empfangen hat, fügt er im DHCP-Header des Paketes an den Server hinzu, so dass dieser das Netzwerk bestimmen kann, für das er den Client konfigurieren soll. Der Relay-Agent empfängt die Antwort-Pakete auf UDP-Port 67 und leitet sie an Port 68 des Clients weiter.

Sicherheit

DHCP kann leicht gestört werden, weil DHCP-Clients jeden DHCP-Server akzeptieren. Durch versehentliches Einschalten eines fremden DHCP-Servers im Netz kann dieses weitgehend lahmgelegt werden.

Ein Angreifer kann sämtliche Adressen eines DHCP-Servers reservieren (*DHCP Starvation Hack*) um zu verhindern, dass dieser weiter auf Anfragen antwortet. Anschließend kann der Angreifer selbst als DHCP-Server auftreten.

Beim Betrieb von DHCP in Produktivnetzen sind entsprechende Vorkehrungen, wie administrierbare Switches und Überwachung auf weitere DHCP-Server, zu treffen.

IPv6

IPv6 benötigt für die Adressvergabe keinen DHCP-Dienst. Für weiter gehende Informationen gibt es das Protokoll DHCPv6, welches in RFC3315 beschrieben ist und etwa das gleiche für IPv6 leistet, wie DHCPv4 für IPv4. Abweichend von jenem läuft die Kommunikation über UDP-Port 546 (Client) und 547 (Server).

TFTP

TFTP ist ein sehr einfaches Protokoll zur Dateiübertragung. Das Protokoll nutzt zur Datenübertragung verbindungslose Protokolle, wie UDP oder UDPv6. Es wurde insbesondere für das Laden von Betriebssystemen durch die Firmware oder einen kleinen Bootloader entworfen und hat folgende Charakteristika:

- Lesen oder Schreiben von Dateien auf einem Server

- **keine** Auflistung von Verzeichnissen

- **keine** Authentifizierung, Kompression oder Verschlüsselung

In *RFC 1350* ist das Protokoll in seiner noch jetzt gültigen Fassung beschrieben. *RFC 2347* beschreibt, wie man das Protokoll um Optionen erweitert und *RFC 2349* beschreibt die für *PXE-LINUX* notwendige Transfer Size Option (*tsize*), mit der der jeweils anderen Seite mitgeteilt werden kann, wie groß die zu übertragende Datei insgesamt ist.

Bei einer TFTP-Übertragung sind immer ein Client und ein Server beteiligt. Diese Unterscheidung ist bei der eigentlichen Übertragung für das Protokoll irrelevant, dann ist die Unterscheidung in Sender und Empfänger hilfreicher. Für den Verbindungsaufbau ist die Unterscheidung in Client und Server jedoch notwendig, weil nur der Server mit einem fest vorgegebenen Transfer Identifier (*TID*) auf Verbindungen wartet. Die *TID* der beiden Partner sind die entsprechenden UDP-Ports und der Server wartet an UDP-Port 69 auf Verbindungen.

Verbindungsaufbau

Eine TFTP-Verbindung wird initiiert, indem ein Client an den Server eine Lese- (RRQ) oder Schreibaufforderung (WRQ) und eventuell noch ein paar Optionen an den UDP-Port 69 des Servers sendet. Der UDP-Port des Clients wird von diesem zufällig bestimmt. Der Server bestimmt einen zufälligen UDP-Port für diese Verbindung und schickt alle Daten an den Client mit diesem Absender-Port. Die erste Antwort des Servers kann sein:

- ein OACK-Paket, um Optionen zu akzeptieren oder mitzuteilen

- ein ACK-Paket um das Schreiben ohne Optionen zu akzeptieren

- ein Datenpaket, wenn der Server die Datei sendet, aber keine Optionen akzeptiert.

- ein Fehlerpaket

Die meisten Fehlerpakete beenden sofort die Verbindung, Details stehen in den genannten RFC.

Datentransfer

Bei der eigentlichen Übertragung ist die Unterscheidung in Sender und Empfänger sinnvoller, da sowohl Client als auch Server sich hier genau gleich verhalten, wenn sie eine Datei senden beziehungsweise empfangen.

Bei der Übertragung schickt der Sender immer genau ein Datenpaket mit 512 Bytes Daten (es sei denn beim Verbindungsaufbau wäre eine andere Blockgröße, wie in *RFC 2348* beschrieben, ausgehandelt worden) zusammen mit der betreffenden Blocknummer. Der Empfänger antwortet immer mit einem Bestätigungspaket, das diese Blocknummer enthält oder einem Fehlerpaket. Geht ein Paket verloren, so wird nach einem Timeout das jeweils letzte Paket wiederholt.

Der Datentransfer endet, wenn ein Datenpaket mit weniger Daten als der ausgehandelten Blockgröße (oder 512 Byte, falls nichts ausgehandelt wurde) gesendet wurde. Falls die Größe der übertragenen Datei ein ganzzahliges Vielfaches der Blockgröße ist, so muss am Ende ein Datenpaket mit 0 Byte Daten geschickt werden. Ausserdem endet der Datentransfer wenn ein Fehler auftrat.

Analyse des Datenverkehrs

Für die Analyse des Protokolls auf Netzebene mit *tcpdump* oder *wireshark*, ist wichtig, zu wissen, dass ich die Verbindung nicht ohne weiteres auf Portebene filtern kann. Ich muss den gesamten UDP-Verkehr und eventuell ICMP mitschneiden, um eine TFTP-Sitzung zu analysieren. Ein möglicher Aufruf von *tcpdump* wäre zum Beispiel:

```
# tcpdump -w tftp.pcap \( icmp or udp \) and host client and host server
```

Nach Beendigung des Mitschnitts kann man den Quell-Port des Clients ermitteln und damit dann die gesamte Sitzung herausfiltern:

```
# tcpdump -n -r tftp.pcap host server and port 69
# tcpdump -nv -r tftp.pcap host client and port clientport
```

Fehlt bereits das erste Datenpaket des Servers, dann kann statt dessen ein ICMP-Port-Unreachable-Paket signalisieren, dass gar kein TFTP-Dämon beim Server läuft.

Zero Configuration Networking

Zero Configuration Networking (Zeroconf) geht in seinen Anfängen auf die 1990er Jahre zurück. Damals beschäftigte sich Stuart Cheshire mit der Vernetzung von Rechnern via IP ohne explizite Konfiguration. Die Technologie ist seit einiger Zeit unter den Namen *Rendezvous* beziehungsweise *Bonjour* in die Rechner von Apple integriert und für Mac OSX, Windows, Linux, BSD UNIX und andere Betriebssysteme verfügbar. Als Literatur zu Zeroconf empfehle ich **Zero Configuration Networking/The Definitive Guide** von *Stuart Cheshire* und *Daniel H. Steinberg*.

Technisch gesehen ist Zeroconf die Kombination der drei Technologien *Dynamic Configuration of IPv4 Link-Local Addresses* (*RFC 3927*), *Multicast-DNS* und *DNS-Service Discovery*. Das Ziel von Zeroconf ist, das Inbetriebnehmen eines Netzwerkgerätes so einfach wie das Inbetriebnehmen einer Tischlampe zu machen: Anstecken, einschalten, funktioniert.

Link-lokale Adressierung

Jedes Gerät in einem IP-Netzwerk braucht mindestens eine eindeutige IP-Adresse. Wenn ich mein eigenes Netzwerk betreibe oder mich an ein professionell betriebenes Netzwerk anschließen will, wird die Adresse entweder manuell eingestellt oder via DHCP zur Verfügung gestellt. Beides erfordert Vorarbeit, die ich, wenn ich mal eben zwei Laptops via Ethernet-Kabel verbinde, gerade nicht aufwenden will. In genau diesen Fällen greift die automatische Adressvergabe nach *RFC 3927*, für die der Adressbereich von 169.254.1.0 bis 169.254.254.255 reserviert ist.

Das Verfahren läuft wie folgt ab:

1. Ein Rechner bestimmt für sich eine zufällige Adresse aus dem reservierten Bereich.

2. Der Rechner sendet ARP-Requests aus, um herauszufinden, ob ein anderer Rechner diese Adresse bereits benutzt. Dabei setzt er die die Absenderadresse (Tell-Abschnitt) auf 0.0.0.0.

3. a) Falls ein anderer Rechner die Adresse für sich reklamiert, indem er auf die ARP-Requests antwortet, beginnt dieser Rechner wieder bei 1.

   b) Falls nach einigen Sekunden keine Antwort kam, sendet der Rechner einige ARP-Anzeigen (Tell-Adresse nun belegt) um mitzuteilen, dass er diese Adresse jetzt benutzt.

4. Falls später ein anderer Rechner diese Adresse verwenden will, antwortet dieser Rechner auf die ARP-Anfrage um die Adresse zu verteidigen.

5. Falls es später zu Konflikten kommt, weil zum Beispiel zwei Netzsegmente, die vorher getrennt waren, nun verbunden wurden, oder weil sich ein Rechner nicht an die Spielregeln hält, sieht der Standard folgendes vor: Wenn ein Rechner eine ARP-Anfrage von einer anderen Maschine sieht, die behauptet die eigene Adresse zu verwenden, sendet er höchstens eine ARP-Antwort um den eigenen Anspruch geltend zu machen. Wenn das andere Gerät die Adresse nicht aufgibt, so muss dieser Rechner die Adresse aufgeben und bei 1. neu beginnen.

Multicast DNS

Nachdem mein Rechner eine IP-Adresse bekommen hat, benötige ich im nächsten Schritt einen Namen, der auf diese Adresse auflöst. Dafür ist, in Abwesenheit eines konfigurierten DNS-Servers, *Multicast DNS (mDNS)* zuständig.

Bei *mDNS* gibt es keine zentrale Autorität. Stattdessen sendet jeder Client, der eine Anfrage stellen will, via Multicast an jede interessierte Maschine im Netzwerk und antwortet, wenn er eine Frage für seinen eigenen Namen sieht.

Um die lokalen Namen von existierenden Domain-Namen abzugrenzen, verwendet Zeroconf die Domain .local. Namen in dieser Domain sind - ähnlich wie IP-Adressen, die mit 169.254 beginnen - nur im lokalen Netz eindeutig. Namen in dieser TLD werden üblicherweise mit *mDNS* aufgelöst. Jede *mDNS* Anfrage wird an die Multicast-Adresse 224.0.0.251 (FF02::FB bei IPv6) und den Port 5353 gesendet.

Multicast DNS kennt drei Kategorien von Anfragen:

- einmalige Anfragen mit einer Antwort

- einmalige Anfragen mit mehreren Antworten

- fortlaufende Anfragen

Für einmalige Anfragen, auf die nur eine Antwort erwartet wird, sendet der DNS-Client lediglich an UDP-Port 5353 bei Adresse 224.0.0.251. Diese Funktionalität reicht für das Auflösen von *http://einname.local/* im Webbrowser aus.

Bei Anfragen der zweiten Kategorie ist dem Client bekannt, dass mehrere Antworten kommen können. Es sammelt die Antworten ein und wiederholt unter Umständen die Anfrage. Bei der Wiederholungsanfrage schickt er eine Liste der bisher erhaltenen Antworten mit, damit diese Antworten nicht noch einmal gesendet werden müssen. Folge-Anfragen werden mit sinkender Rate, das heisst in immer größeren Abständen gesendet.

Fortlaufende Anfragen werden zum Beispiel für die Listen von verfügbaren Diensten verwendet. Auch diese Anfragen werden in immer größeren Abständen (bis zu einer Stunde) gesendet und enthalten eine Liste der bereits bekannten Antworten. Antworten auf diese Anfrage gehen an die Multicast-Adresse, so dass sie von allen interessierten Rechnern registriert werden können. Damit die Liste immer aktuell ist, ohne dass das Intervall reduziert werden muss, zeigen neue Rechner ihre Anwesenheit durch unaufgeforderte Antworten an, wenn sie neu in einem Netzwerk ankommen. Jede Antwort enthält eine Gültigkeitsdauer und kurz bevor diese abläuft, fragt der Rechner noch einmal nach dieser Antwort. Wenn ein Rechner merkt, dass eine seiner Antworten ungültig ist (zum Beispiel weil er heruntergefahren wird), sendet er ein Goodbye-Paket, das ist eine unaufgeforderte Antwort mit einer Gültigkeitsdauer von 0.

Um einen Namen mit *mDNS* zu reklamieren, geht ein Rechner wie folgt vor:

1. Der Rechner wählt einen Namen für seine IP-Adresse aus.

2. Der Rechner fragt dreimal mit jeweils 250 ms Wartezeit, ob der Name bereits verwendet wird.

3. a) Kam innerhalb der 750 ms eine Antwort geht er zurück zu Schritt 1 (und meldet eventuell einen Fehler in der Benutzerschnittstelle).

   b) Falls zwei Rechner zur gleichen Zeit den gleichen Namen beanspruchen, gibt es einen Konfliktlösungsmechanismus.

c) Kam keine Antwort, beginnt er nach 750 ms mit unaufge-
forderten Antworten den Namen für sich zu reklamieren. Seine
Nachbarn werden alle Informationen zu diesem Namen durch
die neuen Angaben ersetzen.

4. Ein Rechner muss jederzeit Konflikte erkennen und *mDNS*
Pakete senden können. Nicht nur in der Probephase.

DNS Service Discovery (DNS-SD)

Mit den ersten beiden Komponenten können wir eine IP-Adresse und
einen eindeutigen Namen im Netzwerk ohne explizite Konfiguration bestimmen. Viel interessanter ist jedoch eine Liste von Diensten aus denen
ich genau den auswähle, den ich im Moment benötige. Die IP-Adressen
werden beim Verbinden der Rechner mit dem Netz bestimmt und wechseln recht häufig. Die Rechnernamen sind meist unter Benutzerkontrolle
und schon etwas beständiger. Die Dienste jedoch, das woran ich interessiert bin, finde ich mit *DNS-SD*.

Wenn *DNS-SD* auf mDNS aufbaut,gelten die Regeln für die Konflik-
tauflösung wie gehabt. Dienste werden unter den Subdomains *_tcp*
beziehungsweise *_udp* angeboten (Beispiel: Internet Printing Protokoll
_ipp._tcp.local). Eine freie Registrierung für Dienste gab es bis 2010
unter http://www.dns-sd.org/ServiceTypes.html, inzwischen können die
Dienste direkt bei *IANA* registriert werden.

Da es verschiedene Protokolle für ähnliche Dienste geben kann - für
Druckdienste zum Beispiel UNIX LPR (*_printer._tcp*), IPP (*_ipp._tcp*),
Verbindungen zu TCP-Port 9100 (*_pdl-datastream._tcp*), Remote USB
Emulationen (*_riousbprint._tcp*) - wird eines dieser Protokolle als Flaggschiffprotokoll ausgewiesen. Alle Rechner, die irgendeinen dieser Dienste
im *mDNS* registrieren wollen, müssen das Flaggschiffprotokoll mit registrieren, damit die *mDNS* Konfliktlösung eingreifen kann, falls zwei
Rechner zum Beispiel verschiedene Druckdienste unter dem selben Namen registrieren wollen. Versteht ein Rechner das Flaggschiffprotokoll
nicht, setzt er den Port auf 0 um klarzustellen, dass der Name zwar
beansprucht wird, aber dieses konkrete Protokoll nicht angeboten wird.

Mit DNS-SD TXT Records können weitere Informationen über einen
Dienst, die über das Protokoll selbst nicht vermittelbar sind, bekannt-
gegeben werden.

DNS Service Discovery kann Standard-DNS verwenden und darüber
auch über die Grenzen des lokalen Netzes erweitert werden.

Unter Linux bietet das Avahi Famework geeignete Software für Zero
Configuration Networking. Zeroconf-Erweiterungen für andere Software,

wie zum Beispiel den Apache-Webserver, finde ich unter Debian zum Beispiel mit `apt-cache search zeroconf`.

Glossar

Betriebssystem: Die Software, die Grundfunktionen für die Verwendung eines Rechners bereitstellt. Das Betriebssystem verwaltet Ressourcen wie Speicher, Ein- und Ausgabegeräte, CPU-Zeit und steuert die Ausführung von Programmen.

BIOS: Das **Basic Input/Output System** ist die Firmware bei *X86* Rechnern. Es ist im ROM auf der Hauptplatine des Rechners abgelegt und wird unmittelbar nach dem Rechnerstart ausgeführt. Es ist zuständig für die Initialisierung der Hardware, soweit erforderlich, und das Laden des Betriebssystems über einen *Bootloader*. Teile des BIOS können auch auf Peripheriegeräten wie Netzwerkkarten oder Festplattenadaptern ausgelagert sein.

Bootloader: Ein kleines Programm, das von der Firmware eines Rechners geladen und ausgeführt wird. Dieses ist dann für das Laden und den Start des eigentlichen Betriebssystems zuständig.

BSD: Die **Berkeley Software Distribution** ist eine Version von UNIX, die an der Universität von Kalifornien in Berkeley entstanden ist. Ursprünglich basierte BSD auf Quellen von AT&T, wurde später jedoch soweit überarbeitet, dass keine Zeile des Quellcodes von AT&T in aktuellen BSDs mehr enthalten ist. BSD ist neben *System V* eine der beiden Hauptlinien der UNIX-Entwicklung.

BSD-Lizenz: Die Lizenz der **Berkeley Software Distribution** steht für eine Gruppe von Open Source Lizenzen. Software unter dieser Lizenz darf frei verwendet, bearbeitet und weiter verbreitet werden. Die einzige Bedingung ist, dass der Copyright-Vermerk nicht entfernt werden darf. Im Gegensatz zur GPL darf abgeleitete Software auch unter anderen Lizenzen weiter verbreitet werden.

CD-ROM: Compact Disc Read Only Memory ist nach der Audio-CD die zweite Anwendung der Compact Disc. CD-ROM werden für die Installation von Betriebssystemen und für Live-Systeme, sowie zum Datenaustausch und zur Archivierung verwendet.

CF, CompactFlash: ist ein Schnittstellen-Standard für Speichermedien. CF-Karten enthalten neben den Speicherbausteinen einen Controller, der nach innen den Speicher verwaltet und nach außen eine IDE-Schnittstelle anbietet.

Chain-Loading: Das Aufrufen eines Bootloaders einer anderen Partition nennt man Chain-Loading. Hierbei kann zuerst ein Bootloader geladen werden, der zum Beispiel ein Boot-Menü zur Betriebssystem-Auswahl darstellt, und anschließend je nach Auswahl in diesem Menu den entsprechenden betriebssystem-spezifischen Bootloader. So lassen sich mehrere, unterschiedliche Betriebssysteme in einem Multi-Boot-System auf einem Rechner nebeneinander betreiben.

CLI: Command Line Interface, (deutsch *Kommandozeile*). Die Steuerung einer Software/eines Betriebssystems im Textmodus.

CMOS: Complementary Metal Oxide Semiconductor (komplementärer Metall-Oxid-Halbleiter) ist die Bezeichnung für spezielle Halbleiterbauelemente mit geringer Verlustleistung. Im Gegensatz zu TTL-Bausteinen liegt die typische Betriebsspannung zwischen 0,75 und 15 Volt. Die Eingänge von CMOS-Bausteinen sind empfindlich gegen statische Entladungen und Überspannungen und sollten, wenn möglich durch entsprechende Beschaltung geschützt werden.

CPU: Die **Central Processing Unit** (der Hauptprozessor) ist der Teil eines Computers, der die Anweisungen eines Programmes ausführt.

Dateisystem: Ein Dateisystem kennzeichnet die Organisation der Ablage von Dateien auf den Datenträgern eines Computers. Eine Datei selbst wird als Folge von Oktetts begriffen, die entweder als solche auf einem Datenträger abgelegt werden oder durch Ein- bzw. Ausgabegeräte nachgebildet werden kann. Für die Ablage von Dateien auf Datenträgern stehen unterschiedliche Dateisysteme zur Verfügung, die sich an den Eigenschaften des Datenträgers und den Bedürfnissen und Möglichkeiten des Betriebssystems orientieren.

DHCP: Das **Dynamic Host Configuration Protocol** ermöglicht die Zuweisung der Netzwerk-Konfiguration an Clients durch einen Server. Im Kapitel *Protokolle und Mechanismen* finden sich weitere Informationen zu diesem Protokoll.

DMA: Direct Memory Access bezeichnet den direkten Zugriff von Peripheriegeräten auf den Speicher eines Computers. Üblicherweise steht der gesamte Speicher unter Kontrolle der *CPU*. Alle Zugriffe darauf gehen über die *CPU*, wodurch zum einen eine hohe Auslastung der *CPU* bei datenintensiver Ein- und Ausgabe auftritt, andererseits die *CPU* sich als Flaschenhals erweisen und den Computer ausbremsen kann. Durch DMA bekommen bestimmte Peripheriegeräte, wie zum Beispiel Netzwerkkarten, Festplattencontroller oder USB-Hostcontroller die Möglichkeit, Daten an der *CPU* vorbei mit dem Hauptspeicher auszutauschen.

DNS: Das **Domain Name System** ist ein weltweiter Verzeichnisdienst, welcher den Namensraum des Internet verwaltet. RFC1034 und RFC1035 beschreiben die Grundlagen des DNS.

GNU: **GNU's Not UNIX** ist ein rekursives Akronym, das als Name für ein Projekt gewählt wurde, welches ein vollständig freies Betriebssystem entwickeln sollte. Da zum Zeitpunkt der Entstehung von Linux fast alles bis auf den Kernel verwendbar war, besteht ein großer Teil eines Linux-Systems üblicherweise aus *GNU* Software, so dass man oft auch von GNU/Linux Systemen spricht. Eng verbunden mit dem *GNU* Projekt ist die zugehörige Software-Lizenz, die *GPL*.

GPIO: **General Purpose Input/Output** ist eine Abkürzung für allgemein verwendbare Ein- und Ausgabe-Leitungen, deren Verhalten durch Software bestimmt werden kann.

GPL: Die *GNU* **General Public License** ist eine von der Free Software Foundation veröffentlichte Lizenz, deren Ursprung im *GNU* Projekt liegt. Ein Kernprinzip der GPL ist, dass alle abgeleiteten Programme ebenfalls von Lizenznehmern nur zu den gleichen Bedingungen (also unter der GPL) verbreitet werden dürfen. Dieses Prinzip findet sich auch in einigen anderen Lizenzen, steht jedoch im Widerspruch zur *BSD-Lizenz*, die die Weiterverbreitung von abgeleiteter Software unter beliebigen Bedingungen erlaubt.

HTTP: Das **Hypertext Transfer Protocol** ist das Protokoll, welches mit dem World Wide Web groß geworden ist. Es ist in jedem Webbrowser und Webserver implementiert und wird zunehmend auch für andere Anwendungen zur Datenübertragung eingesetzt. Prinzipiell ist das Protokoll zustandslos, eine Sitzung kann erst durch die dieses Protokoll verwendende Anwendung realisiert werden.

ICMP: Das **Internet Control Message Protocol** ist ein Hilfsprotokoll zum Internet-Protokoll, mit dem Steuernachrichten, die die

Datenübertragung betreffen, zwischen Systemen versendet werden.

I²C: Der **Inter-Integrated Circuit** Bus ist ein von Philips Semiconductors entwickelter serieller Datenbus, der mit zwei Leitungen auskommt. Er wird hauptsächlich für die Kommunikation von verschiedenen Geräteteilen, zum Beispiel zwischen einem Controller und Peripherie, verwendet.

Bei einigen Herstellern wird der I²C-Bus Two-Wire-Interface (TWI) genannt. Technisch gesehen sind I²C und TWI identisch.

IDE: **Integrated Device Electronics** ist eine Datenbus für Peripheriegeräte.

IETF: Die **Internet Engineering Task Force** ist eine Organisation, die sich mit den technischen Aspekten der Weiterentwicklung des Internet befasst.

IPv4: Das **Internet Protocol Version 4** bildet momentan die Grundlage des Internet. Es dient dazu Rechner in beliebigen Netzen zu verbinden und setzt dazu auf eine eindeutige Adressierung. Mit seinen 32 Bit breiten Adressen sind allerdings nur 4.294.967.296 eindeutige Adressen möglich. Die letzten freien Adressen wurden 2011 von der zentralen Registrierungsstelle an die ISP vergeben. Mit verschiedenen Techniken, wie NAT oder portbasierter Adressierung, hat man die Vergabe der letzten freien Nummern soweit wie möglich aufgeschoben. Inzwischen ist der Umstieg auf die nächste Version *IPv6* immer dringlicher.

IPv6: Das **Internet Protocol Version 6** ist der designierte Nachfolger von *IPv4*. Es bietet mit 128 Bit Adressbreite wesentlich mehr Adressen als sein Vorgänger und brachte schon bei seinem Entwurf in den 1990er Jahren viele Neuerungen gegenüber *IPv4*, wie IPSEC und Stateless Autoconfiguration, von denen etliche inzwischen in *IPv4* übernommen wurden. Aufgrund verschiedener Techniken, mit denen die Vergabe der letzten freien *IPv4* Adressen immer weiter hinausgeschoben wurde, zog sich die Einführung von *IPv6* sehr weit in die Länge.

JFFS2: Das **Journalling Flash File System version 2** ist ein logbasiertes Dateisystem für die direkte Benutzung von Flash-Speicher. Es wird unter anderem bei OpenWrt verwendet. Da die ALIX-Geräte CompactFlash-Karten mit eigenem Controller verwenden, benötigen wir dieses Dateisystem hier nicht.

Kernel: Der Kernel (deutsch: Betriebssystemkern) ist der zentrale Bestandteil eines Betriebssystems. Er ist zuständig für die Verwaltung der Ressourcen, wie Hauptspeicher, Ein- und Ausgabegeräte, CPU-Zeit. Er bildet die unterste Schicht des Betriebssystems und hat direkten Zugriff auf die Hardware.

LED: Light Emitting Diode, Leuchtdiode

Live-System: Mit diesem Begriff bezeichnet man ein Betriebssystem, das ohne Installation und ohne Beeinflussung des Inhalts einer eingebauten Festplatte gestartet werden kann. Üblicherweise wird ein Live-System auf einer CD-ROM oder einem USB-Stick installiert und über das *BIOS* von dort gestartet.

MAC-Adresse: Die **Media Access Control** Adresse ist eine, für jeden Netzwerkadapter eindeutige, Hardware-Adresse, die zur eindeutigen Identifizierung des Gerätes im Netz dient. Sie wird der Sicherungsschicht (Schicht 2) des *OSI-Modells* zugeordnet und benötigt, wenn ein Gerät auf dieser Ebene explizit adressiert werden soll. Eine MAC-Adresse brauchen alle Rechner und Gateways in einem Netz, aber keine HUBs und Repeater. Bridges und Switche benötigen sie nur, wenn sie aus dem Netz heraus administriert werden sollen.

MBR: Der **Master Boot Record** ist der erste Speicherblock einer Festplatte bei X86-basierten Rechnern (PCs). Er enthält eine Partitionstabelle, die die Aufteilung der Festplatte beschreibt und optional einen *Bootloader*, mit dem das Betriebssystem gestartet werden kann.

MSS: Maximum Segment Size ist ein Parameter des TCP-Protokolls der die maximale Anzahl von Oktetts, die ein Computer in einem Datenpaket empfangen kann, spezifiziert. Dieser wird beim Verbindungsaufbau übermittelt.

MTU: Die **Maximum Transmission Unit** ist die maximale Paketgröße, die in einem Netzwerk gesendet werden kann. Diese beträgt bei Ethernet 1500 Byte, bei Gigabit-Ethernet ist sie größer, bei PPPoE, das bei DSL-Anschlüssen verwendet wird, ist sie kleiner.

NBP: Das **Network Bootstrap Program** ist ein *Bootloader*, der beim Start eines Rechners über das Netzwerk von einem Server geladen und ausgeführt wird. Dieses Programm ist zuständig für das Laden und den Start des Betriebssystems.

NTP: Das **Network Time Protocol** ist ein Standard zur Synchronisierung von Uhren in Computersystemen über paketbasierte Kommunikationsnetze. RFC5905 beschreibt die momentan aktuelle Version 4 des Protokolls.

OSI-Modell: Das **Open Systems Interconnection Reference Model** ist ein Schichtenmodell der Internationalen Organisation für Normung (ISO), welches als Entwurfsgrundlage für Kommunikationsprotokolle entwickelt wurde.

In diesem Modell wurden die Aufgaben der Kommunikation in sieben Schichten (layer) unterteilt: Bitübertragung (physical), Sicherung (data link), Vermittlung (network), Transport, Sitzung (session), Darstellung (presentation) und Anwendung (application). Jede höhere Schicht nutzt die Dienste der niedrigeren Schichten, um ihre Aufgaben zu erfüllen.

Das OSI-Modell dient nur als Referenz beziehungsweise Entwurfsgrundlage. Real existierende Protokolle decken häufig mehr als eine Schicht des OSI-Modells ab. So beschreibt zum Beispiel das Ethernet-Protokoll die Schichten eins und zwei.

Path-MTU, PMTU: Das ist die kleinste *MTU* aller beteiligten Netze, auf dem Weg (Path) den die Daten zwischen zwei Rechnern zurücklegen. Diesen Wert zu kennen, ist wichtig, um die größtmöglichen Datenpakete, für die noch keine Fragmentierung notwendig ist, über die Verbindung zu schicken. Die PMTU kann automatisch ermittelt werden (Path MTU Discovery). Dazu ist es notwendig, dass bestimmte ICMP-Pakete den Sender der Daten erreichen können.

PCI: Der **Peripheral Component Interconnect** Bus ist ein Standard zur Verbindung von Peripheriegeräten mit dem Prozessor-Chipsatz. Die ALIX-Geräte enthalten einen *miniPCI* Bus, eine kleinere Variante für 32 Bit, die oft in Notebooks verwendet wird.

PS/2-Schnittstelle: Das ist eine serielle Schnittstelle für Tastatur und Maus.

PXE: Das **Preboot Execution Environment** ist ein Verfahren, Computern das netzbasierte Laden des Betriebssystems zu ermöglichen. Damit ist der Computer von Massenspeichern und eventuell darauf installierten Betriebssystemen unabhängig. Der PXE-Code befindet sich oft im *BIOS* der Netzwerkkarte und ermöglicht dem Computer mit *DHCP* und *TFTP* Servern zu kommunizieren.

RAM: **Random Access Memory** (Direktzugriffsspeicher) wird in Computern vor allem als Arbeitsspeicher verwendet. Dabei dient der RAM meist nur als Zwischenspeicher, da die eigentliche Verarbeitung in den Registern der *CPU* stattfindet und die Daten permanent im *Dateisystem* abgelegt werden. Für temporäre Dateien, die nur während der Laufzeit eines Rechners benötigt werden, wird oft auch ein *Dateisystem* im RAM angelegt.

RFC: **Request For Comment** (Bitte um Kommentare) ist die Bezeichnung für einige Tausend technische und organisatorische Dokumente zum Internet. Bei der ersten Veröffentlichung noch im ursprünglichen Wortsinne zur Diskussion gestellt, behalten RFC auch dann ihren Namen, wenn sie sich durch allgemeine Akzeptanz und Gebrauch zum Standard entwickelt haben. Einige für die Arbeit an ALIX-Projektes relevante RFC sind in den weiteren Informationen kurz vorgestellt. Die offizielle Stelle für die Herausgabe von RFC ist der RFC Editor.

ROM: Der **Read-Only Memory** (Nur-Lese-Speicher oder auch Festwertspeicher) ist ein Speicher, der im normalen Betrieb nicht beschrieben werden kann.

SNMP: Das **Simple Network Management Protocol** (einfache Netzwerkverwaltungsprotokoll) wurde von der *IETF* entwickelt, um Netzwerkelemente von einer zentralen Station aus zu überwachen und zu steuern.

SSH: **Secure Shell** ist die Bezeichnung sowohl für ein Protokoll als auch ein entsprechendes Programm, mit dem man eine verschlüsselte Verbindung zu einem anderen Rechner aufbauen kann. Häufig wird damit eine Kommandozeilenumgebung auf den lokalen Rechner geholt, um Programme auf dem anderen Rechner auszuführen. Es ist auch möglich mit diesem Protokoll Tunnelverbindungen zwischen den beteiligten Rechnern aufzubauen, über die andere Protokolle geschützt kommunizieren können.

System V: ist zum Einen der Name einer Version des Betriebssystems *UNIX* von AT&T und zum Anderen die Bezeichnung für eine Klasse von unixartigen Betriebssystem, die von der AT&T-Linie von *UNIX* im Gegensatz zur *BSD* Linie abstammen.

TCP: Das **Transmission Control Protocol** ist ein zuverlässiges, verbindungsorientiertes Protokoll, das auf dem Internet-Protokoll aufsetzt. Es garantiert die vollständige Übertragung der Daten in der richtigen Reihenfolge, solange die Verbindung nicht ganz abbricht.

TFTP: Das **Trivial File Transfer Protocol** ist ein sehr einfaches Dateiübertragungsprotokoll. Nähere Informationen dazu finden sich im Kapitel *Protokolle und Mechanismen*.

UBIFS: Das **Unsorted Block Image File System** ist ein Nachfolger von *JFFS2* und Mitbewerber zu *LogFS*. Es handelt sich um ein Dateisystem für die direkte Benutzung von Flash-Speicher. Da die ALIX-Geräte ihr Betriebssystem auf CompactFlash-Karten speichern, benötigen wir dieses Dateisystem hier nicht.

UCI: Das **Unified Configuration Interface** bei OpenWrt ist dazu gedacht, die Konfiguration zu zentralisieren. Anstatt verschiedene Dateien mit unterschiedlicher Syntax zu bearbeiten läuft die Konfiguration über ein Programm (uci) mit einer einheitlichen Syntax für die Konfiguration der Komponenten.

UDP: Das **User Datagram Protocol** ist ein einfaches, verbindungsloses Netzwerkprotokoll, das auf dem Internet-Protokoll aufsetzt. UDP garantiert nichts, erspart aber den Aufwand des Aufsetzens einer Verbindung und bietet dadurch Vorteile bei der Übertragung kleiner Datenmengen.

Unix: UNIX ist ein Mehrbenutzer-Betriebssystem, das ursprünglich von den Bell Laboratories zur Unterstützung der Softwareentwicklung entwickelt wurde. Zunächst frei verfügbar stand es ab 1981 unter proprietärer Lizenz und seit 2005 wieder unter einer freien Lizenz. Von UNIX wurden etliche Betriebssysteme abgeleitet, beziehungsweise neu geschrieben, die typische Systemfunktionen von UNIX (POSIX) implementieren. Bei diesen spricht man von unixoiden Systemen.

UPS: **Uninterruptable Power Supply**, siehe *USV*.

USB: Der **Universal Serial Bus** ist ein serielles Bussystem zur Verbindung eines Computers mit externen Geräten. Mit USB ausgestattete Geräte können im laufenden Betrieb miteinander verbunden oder voneinander getrennt werden.

USV: Die **unterbrechungsfreie Stromversorgung** wird eingesetzt um den Betrieb von Rechnern auch bei Störungen im Stromnetz sicherzustellen. Je nach Dimensionierung kann eine USV die Stromversorgung von wenigen Minuten bis mehreren Stunden oder gar Tagen sicherstellen. Eine einfache USV für ALIX-Rechner, die man selbst bauen kann, ist im Kapitel über zusätzliche Hardware beschrieben.

UUID: Ein **Universally Unique Identifier** ist ein Identifikator, der nach einem vorgegebenen Standard gebildet wird, um Informationen in verteilten Systemen ohne zentrale Steuerung eindeutig kennzeichnen zu können. RFC4122 beschreibt den Aufbau einer UUID.

VGA: **Video Graphics Array** ist ein analoger Bildübertragungsstandard. Am VGA-Anschluss wird ein Computer-Monitor angeschlossen.

VPN: Ein **Virtual Private Network** ist eine direkte Verbindung von einem Netzwerk in ein anderes, ungeachtet dessen, wie nah oder fern das andere Netzwerk ist. VPN, die das Internet überqueren sind üblicherweise verschlüsselt, jedoch sind auch unverschlüsselte VPN möglich.

X86: **X86** ist die Bezeichnung für eine Mikroprozessor-Architektur und die damit verbunden Befehlssätze, die vor allem von der Firma *Intel* entwickelt wurde. Es gibt verschiedene Hersteller, die zu dieser Architektur kompatible Prozessoren herstellen. Die in den ALIX-Rechnern verbauten AMD Geode Prozessoren sind kompatibel zu dieser Architektur.

Zero Configuration Networking: Unter *Zero Configuration Networking* sind verschiedene Protokolle und Verfahren zusammengefasst, die es erlauben, Rechner ohne explizite Konfiguration miteinander zu verbinden und Daten untereinander auszutauschen. Im Kapitel *Protokolle und Mechanismen* gehe ich etwas näher darauf ein.

Weiterführende Informationen

Internet

Informationen im Internet sind zwar - bei Verbindung zu diesem - schneller verfügbar als Bücher oder Zeitschriften. Doch muss ich hier immer mit einer gewissen Unsicherheit rechnen. Sei es, weil eine bestimmte Website überhaupt nicht mehr verfügbar ist, sei es, weil der Betreiber der Website diese umstrukturiert hat und die verlinkten Inhalte nun an anderer Stelle zu finden sind.

Manchmal finde ich die betreffende Seite im Internet Archiv, der sogenannten *Wayback Machine*. Leider hat diese nicht alle Seiten parat.

Aus diesem Grund habe ich eine begleitende Seite zu diesem Buch eingerichtet, über die es Zugang zu im Buch verwendetem Material sowie eine regelmäßig aktualisierte Liste von Weblinks gibt. Diese Seite ist unter folgender URL zu finden:

http://buecher.mamawe.net/buecher/headless-linux

Bootloader

lilo.alioth.debian.org Die Homepage des Bootloaders *LILO*.

www.gnu.org/software/grub Die Homepage des Bootloaders *GRUB*.

www.kernel.org/pub/linux/utils/boot/syslinux Die Download-Seite für *SYSLINUX* bei *www.kernel.org*.

Die meisten Distributionen werden *SYSLINUX* als nachladbares Paket anbieten. Interessant für die Konfiguration sind die Dateien mit der Endung *.txt* im Verzeichnis */usr/share/doc/syslinux/* (bei Debian), also *pxelinux.txt, syslinux.txt, ...*

PXE-Boot

www.pix.net/software/pxeboot/archive/pxespec.pdf Preboot Execution Environment (PXE) Specification Version 2.1

Die Spezifikation für PXE von Intel aus dem Jahr 1999.

RFC 3679 enthält DHCP-Optionen, die für PXE verwendet werden.

www.syslinux.org Die Homepage des *SYSLINUX* Projekts.

www.netboot.me Die Homepage von netboot.me.

Dateisysteme

www.7-zip.org Die Homepage des Archivierungsprogramms *7-Zip*. Dieses hat eigentlich wenig mit Dateisystemen zu tun, ist hier nur aufgeführt, weil es eine Möglichkeit bietet von Windows aus auf *SquashFS* lesend zuzugreifen.

squashfs.sourceforge.net Die Homepage zum *SquashFS*.

www.squashfs-lzma.org Die Homepage zum *SquashFS* mit *LZMA* Komprimierung. Dieses wird unter anderem beim *SLAX* Projekt verwendet.

Hardware ALIX

www.twam.info/hardware/alix/leds-on-alix3d3 Ein Artikel mit Hinweisen zu den LED-Kernelmodulen.

www.twam.info/hardware/alix/temperature-sensor-on-alix3d3 Ein Artikel zur Verwendung des Temperatursensors bei ALIX-Rechnern unter Linux.

www.lm-sensors.org Die Homepage des *lm-sensors* Projekts.

Weitere Hardware

1wt.eu/articles/alix-rtc How to add a capacitor to keep RTC running on PC Engines ALIX

Willy Tarreaus Artikel, wie man mit einem großen Kondensator statt einer Stützbatterie die Hardware-Uhr der ALIX-Rechner bei ausgeschaltetem Rechner weiterlaufen lassen kann.

1wt.eu/articles/alix-ups How to build a cheap UPS for PC Engines ALIX

Willy Tarreaus Artikel, wie man billig eine einfache USV für die ALIX-Rechner bauen kann. Dieser Artikel inspirierte mich zu der erweiterten Schaltung mit Signalisierung im Kapitel über zusätzliche Hardware.

www.twam.info/hardware/alix/adding-additional-i2c-sensors-to-alix3d3
Tobias Müller beschäftigt sich in diesem Blogeintrag mit dem Anschließen weiterer Sensoren am I²C-Bus.

www.lm-sensors.org/wiki/i2cToolsDocumentation Die Beschreibung der *i2c-tools* auf der Website des *lm-sensors* Projektes.

Linux

buildroot.uclibc.org Buildroot: making Embedded Linux easy

Die Homepage des *Buildroot* Projektes, mit dem sich komplette Linux-Systeme für Embedded Systems zusammenstellen lassen.

wiki.linz.funkfeuer.at/funkfeuer/HowTo/AlixBoards Ein kleines Kompendium mit vielen nützlichen Informationen zu den ALIX-Boards und Linux.

www.tldp.org/HOWTO/IO-Port-Programming.html *Linux I/O port programming mini-HOWTO* von Riku Saikkonen. Aus dem Jahre 2000, aber immer noch nützlich für einen Einstieg in die Programmierung der I/O-Ports unter Linux.

www.debian.org Die Homepage von *Debian GNU/Linux*.

bugs.debian.org Die Fehlerdatenbank von *Debian GNU/Linux*. Findet man einen Hinweis auf eine Fehlernummer kann man durch Anhängen der Nummer an die URL direkt zu diesem Fehler kommen. Ansonsten hilft die Startseite bei der Suche in der Fehlerdatenbank.

kernel-handbook.alioth.debian.org Das *Debian Linux Kernel Handbook*, beantwortet viele Fragen rund um den Kernelbau unter Debian GNU/Linux.

wiki.debian.org Das Debian Wiki.

Hier finden sich viele interessante Artikel über verschiedene Aspekte dieser Distribution, zum Beispiel

- HowToPackageForDebian, ein Einführungsartikel in die Kunst der Paketerstellung.

www.imedialinux.com Die Homepage von *iMedia Embedded Linux*.

forums.imedialinux.com/index.php?topic=49.0 Alix3c3 USB CD-Rom Install ... How do you boot???

In diesem Thread ist beschrieben, wie man *iMedia Linux* von einem USB-CD-ROM-Laufwerk installieren kann. Dazu wird vor der eigentlichen Installation ein Minimalsystem auf die CF-Karte installiert, dass dann die Installation von der angeschlossenen CD-ROM anstösst.

www.linuxfromscratch.org *Linux From Scratch* (LFS) ist keine Distribution sondern ein Projekt, dass Schritt-für-Schritt-Anleitungen bietet um sein eigenes angepasstes Linux-System direkt aus den Quelldateien zu bauen.

openwrt.org Die Homepage des OpenWrt-Projekts, welches neben diversen Hardware-Routern seit der Version *Kamikaze* auch PC Engines ALIX unterstützt.

forum.openwrt.org Die Foren von OpenWrt helfen bei Fragen weiter, die ich mit der Dokumentation nicht selbst beantworten kann.

wiki.openwrt.org Die Anlaufstelle bei Fragen rings um OpenWrt. Unter dem Menüpunkt *Documentation* findet man Informationen zu verschiedenen Aspekten bezüglich dieser Linux-Distribution.

wiki.openwrt.org/doc/uci Die Dokumentation zum *Unified Configuration Interface* (UCI) des OpenWrt Projekts.

www.slax.org Slax - your pocket operating system

Mit Slax kann man kleine grafische Linux-Systeme zusammenstellen, die von CD-ROM oder USB starten können.

www.linux-live.org Linux Live scripts

Das ist eine Begleit-Website zu Slax, mit Scripten zum Erstellen von Linux Live Systemen.

linux.voyage.hk Die Homepage von *Voyage Linux*, einem Debian-Derivat das am besten auf X86 Embedded Platforms läuft.

www.mail-archive.com/voyage-linux@list.voyage.hk/msg02535.html In diesem Posting kündigt Jeff R. Allen auf der Mailingliste [voyage-linux], *jra-initrd* an und erklärt dessen Verwendung.

nella.org/jra/geek/jra-initrd Die Download-Adresse für *jra-initrd*.

Software selbst übersetzen

GNU Build System Die Wikipedia-Seite zum *GNU Build System* bietet einen Einstieg mit Hinweisen und Links zum Vertiefen.

Literatur

Bücher

Cheshire, Stuart and Steinberg, Daniel H.; Zero Configuration Networking; O'Reilly Media, 2006, ISBN 0-596-10100-7

Sloan, Joe; Network Troubleshooting Tools; O'Reilly & Associates, 2001, ISBN 0-596-00186-X

Zeitschriftenartikel

Daniel Bachfeld, Der Wunsch-Router, Das Routerbetriebssystem OpenWrt und selbst kompilierte Anwendungen dafür , c't 24/06 S. 160

Mikolas Bingemer, Ab geht die LuCI, Das Webfrontend der Router-Firmware OpenWrt erweitern, c't 24/08 S. 268

(Softlink http://www.ct.de/0824268)

RFC - Requests For Comment

RFC bilden die Grundlage für die Standards, die das Internet zusammenhalten. Traditionell werden RFC von der Internet Engineering Task Force herausgegeben.

Ein Verzeichnis der RFC ist unter http://tools.ietf.org/rfc/index zu finden.

Die offizielle Website für RFCs ist der RFC Editor http://www.rfc-editor.org/.

RFC 826 An Ethernet Address Resolution Protocol -- or -- Converting Network Protocol Addresses

> Mit diesem Protokoll werden bei Ethernet die MAC-Adressen zu den gewünschten IP-Adressen ermittelt.

RFC 1034 DOMAIN NAMES - CONCEPTS AND FACILITIES

> Eine Einführung in das Domain Name System.

RFC 1035 DOMAIN NAMES - IMPLEMENTATION AND SPECIFICATION

> Details zur Implementierung des Domain Name Systems.

RFC 1350 THE TFTP PROTOCOL (REVISION 2)

> Beschreibt den grundlegenden Ablauf des TFTP-Protokolls.

RFC 2131 Dynamic Host Configuration Protocol

Beschreibt DHCP für IPv4.

RFC 2347 TFTP Option Extension

Eine einfache Erweiterung von TFTP zur Aushandlung von Optionen vor der Datenübertragung.

RFC 2349 TFTP Timeout Interval and Transfer Size Options

Beschreibt unter anderem die für PXELINUX benötigte *tsize* Option bei TFTP.

RFC 2782 A DNS RR for specifying the location of services (DNS SRV)

RFC 3315 Dynamic Host Configuration Protocol for IPv6 (DHCPv6)

RFC 3679 Unused Dynamic Host Configuration Protocol (DHCP) Option Codes

Enthält DHCP-Optionen, die für PXE verwendet werden.

RFC 3927 Dynamic Configuration of IPv4 Link-Local Addresses

RFC 4122 A Universally Unique IDentifier (UUID) URN Namespace

Beschreibt die Verfahren zur Bildung von *UUID*.

RFC 4862 IPv6 Stateless Address Autoconfiguration

Dieses Dokument beschreibt detailliert die automatische Konfiguration von IPv6 Adressen für Hosts.

RFC 5905 Network Time Protocol Version 4: Protocol and Algorithms Specification

Die momentan aktuelle Version des Protokolls, mit dem die Zeit der einzelnen Rechner im Netz synchronisiert werden kann.

Kolophon

Dieses Buch ist mit Hilfe der Python Docutils entstanden. Die Druckversion wurde mit *rst2latex* in eine LaTeX-Eingabedatei übersetzt und anschließend mit *pdflatex* in das PDF-Format umgewandelt. Als Font habe ich *Latin Modern* für normalen und kursiven Text und *Inconsolata* für dicktengleiche Schrift verwendet.

Für die EPUB-Version habe ich die Textdateien mit *rst2html* in XHTML umgewandelt und geringfügig nachbehandelt.

Die Schaltung für die USV ist mit *gschem* vom gEDA-Projekt erstellt.

Die Bilder habe ich mit dem Bildverarbeitungsprogramm *GIMP* für das Buch bearbeitet.